N Grünewald

Wie kann Deutschland Colonialbesitz erwerben?

Praktischer Vorschlag zur Lösung der Colonialfrage

N. Grünewald

Wie kann Deutschland Colonialbesitz erwerben?
Praktischer Vorschlag zur Lösung der Colonialfrage

ISBN/EAN: 9783744698337

Hergestellt in Europa, USA, Kanada, Australien, Japan

Cover: Foto ©Suzi / pixelio.de

Weitere Bücher finden Sie auf **www.hansebooks.com**

Wie kann Deutschland Colonialbesitz erwerben?

Praktischer Vorschlag
zur
Lösung der Colonialfrage
von
A. Grünewald.

Mainz.
Verlag der Gg. Faber'schen Buchhandlung.
1879.

Druck der Verlagsbuchdruckerei der „Neuen Zeitung" in Mainz.

Die letzte Hälfte des verflossenen Jahres schließt in energischer Weise die erste Periode der Geschichte des neuen deutschen Reiches ab. Ließen sich auch bisher nicht alle Maßnahmen der Regierung mit dem Princip des wahren Liberalismus in Uebereinstimmung bringen, so bildeten doch liberale Fraktionen die Majoritäten des Reichstages, und des preußischen Abgeordnetenhauses, und zwar nicht wie in der Conflictszeit als Oppositions- sondern als Regierungspartei. Seit den letzten Monaten nun haben die Zustände eine radicale Umgestaltung erfahren. Nicht nur erklärte die Regierung in demonstrativer Weise die Conservativen als die eigentlich staatserhaltenden Elemente, sie desavouirte auch vollständig ihre bisherige liberale Wirthschaftspolitik, um auch auf diesem Gebiete dem altpreußischen Conservatismus seine frühere Herrschaft wieder einzuräumen. Mögen nun die Gründe der Regierung zu diesem durchgreifenden Systemwechsel sein welche sie wollen, mag das Vorgehen derselben an und für sich berechtigt sein, oder nicht, es sind dies Fragen, welche uns hier durchaus nicht berühren; es genügt uns den Umschwung der Dinge in den höheren Regionen zu constatiren, und die Bemerkung daran zu knüpfen, daß auch wohl in der Masse des Volkes eine Umbildung der Begriffe und Anschauungen vor sich gehen wird.

Wird in dem allgemeinen Bestreben sich der neuen Strömung zu assimiliren zweifelsohne manches gute Princip über Bord geworfen, so ist auch wohl die Hoffnung nicht unberechtigt, daß man manches Vorurtheil aufgeben wird.

Auf einem solchen Vorurtheile beruhte die bisherige Aversion gegen jede Discussion der Colonialfrage, eine der wichtigsten Fragen des nationalen Lebens.

Daß man jetzt bereit ist, jener Frage näher zu treten, beweist die Aufmerksamkeit, welche die jüngst erschienene Schrift Fabri's „Bedarf Deutschland der Colonien" erregt hat, und die Art und Weise, in welcher die daselbst niedergelegten Ideen von der Presse besprochen wurden.

Wir vermögen es nur der verkehrten Doctrin des Nationalismus, einer eigenthümlichen Abart von Patriotismus, zuzuschreiben, daß man der bedeutenden deutschen Emigration bisher auch nicht die geringste Aufmerksamkeit zuwandte. Indem man von der Voraussetzung ausging, daß außerhalb der Grenzen Deutschlands von einer deutschen Nation nicht die Rede sein könne, ignorirte man die Emigration, um sie indirekt hierdurch zu schädigen.

Ein Zusammentreffen verschiedener Umstände bewirkte auch thatsächlich eine Reduction der jährlichen Auswanderung; allein ein Aufschwung der nationalen Wohlfahrt knüpfte sich hieran jedenfalls nicht.

Die Noth in den unteren Schichten unserer Bevölkerung ist seit mehreren Jahren thatsächlich vorhanden; sie läßt sich nicht auf äußere Ursachen, Mißernoten, Krankheiten ⁊c. zurückführen, sondern sie entspringt dem Arbeitsmangel. In den ersten Jahren der wirthschaftlichen Krisis suchte man diese mit der wohlfeilen Phrase der Ueberproduktion zu erklären. Ist es nun auch richtig, daß wir in der sogenannten Gründerperiode über Bedarf producirt haben, so wäre dies doch gar nicht möglich gewesen, wenn nicht schon damals das Arbeitsangebot größer als der Bedarf gewesen wäre. Der gegenwärtige Nothstand, den man fälschlich mit dem Namen Krisis bezeichnet, charakterisirt sich sonach als das Produkt eines Mißverhältnisses zwischen Arbeitsangebot und Arbeit, d. h. wir beginnen bereits zu leiden an den Folgen einer täglich wachsenden Uebervölkerung.

Einfache Auswanderung wird dem Uebel nicht zu steuern vermögen, da die Emigration die Zunahme der Bevölkerung entweder überwiegt, oder hinter ihr zurückbleibt. Der erste

Fall, der allerdings undenkbar ist, würde die Entwickelung der Nation in eine rückläufige Bewegung versetzen, während im letzteren Falle die Uebervölkerung nicht aufgehoben, sondern ihre Entwickelung nur in ein langsameres Stadium übergeleitet wäre.

Wir bedürfen einer Vermehrung der Arbeit, um Deutschland zu befähigen, eine wachsende Bevölkerung zu beschäftigen. Von einer entsprechenden Vermehrung landwirthschaftlicher Arbeit kann aber in Deutschland, wo bereits fast alles ertragfähige Land von der Cultur in Besitz genommen ist, nicht die Rede sein; es gilt also das Arbeitsfeld der Industrie zu vergrößern durch Ausbreitung unseres Marktes, und dies ist nur zu erreichen durch Organisation unserer Emigration und Concentration derselben an bestimmten Punkten.

Wir unterlassen es, die Nothwendigkeit von Colonialbesitz für Deutschland weiter zu begründen, es ist dies von den hervorragendsten unserer Nationalökonomen bereits öfter geschehen, und der durchschlagende Erfolg, welchen die bereits oben erwähnte Fabri'sche Schrift in jüngster Zeit errungen hat, beweißt, daß man in den weitesten Kreisen von der Richtigkeit der darin niedergelegten Ansichten überzeugt ist.

Die bloße Ueberzeugung hilft freilich nicht, wir müssen logischer Weise dieser Ueberzeugung auch Ausdruck verleihen, und der Zweck vorliegenden Schriftchens ist, den Anstoß zu geben zu einem activen Vorgehen, um die deutsche Emigration in einer Weise zu organisiren, daß sie segensvoller wird für das Mutterland, als die bisherige planlose Zersplitterung seiner Kräfte in aller Herren Länder.

I. Allgemeine Gesichtspunkte.

a. Stellung des Auslandes.

Die Befürchtung, das Ausland werde einen Versuch, die bisherige Passivität unserer Colonialpolitik zu ändern, zu durchkreuzen suchen, ist eine so weit verbreitete und eine theilweise so begründete, daß wir nicht umhin können die Stellung der auswärtigen Mächte zur deutschen Colonialfrage mit einigen Worten zu besprechen.

Wir können gerne annehmen, daß zunächst alle fremden Staaten ohne Ausnahme jeden Versuch unsererseits unter welcher Form es auch sei, die centrifugalen Elemente in einem engeren Contakt mit dem Mutterlande zu erhalten, mit Mißgunst betrachten werden.

Bei den weniger interessirten Staaten würde dieses Gefühl allerdings ein positives Vorgehen nicht veranlassen, wohl aber dürften wir uns auf einen ernsten Widerstand von Seiten jener Staaten gefaßt machen, deren Interesse durch ein derartiges Vorgehen Deutschlands in naher Weise berührt würde.

Nordamerika, dem hierdurch die ergiebigste Quelle seiner Immigration versiegen würde, und England, dessen Interesse fast in allen Welttheilen stark engagirt ist, würden zweifelsohne Deutschland in jeder Weise Verlegenheiten zu bereiten suchen. Wir haben deshalb vorsichtig in der Auswahl der Wege zu sein, um zu unserem Ziele zu gelangen, und die Organisation in einer Weise zu bewirken, welche Deutschland alle erstrebten

Vortheile erwirkt, ohne das Einschreiten des Auslandes zu provociren; denn wenn auch die politische Machtstellung Deutschlands eine derartige ist, daß es einen fremden Willen nicht zur Richtschnur seines Handelns zu nehmen hat, so kann man doch bei der Bestimmung des Verhältnisses von Deutschland zu seinen Colonien eine Form wählen, welche dem Auslande jeden Stützpunkt entzieht, woran es den Hebel seiner Intriguen setzen könnte.

b. Verhältniß Deutschlands zu seinen Emigranten.

Es ist unzweifelhaft, daß Deutschland im allgemeinen ein Recht besitzt, seine Emigranten in einer gewissen Beziehung zu sich zu erhalten. Die Auswanderer stehen durchschnittlich im Beginne der kräftigsten Lebensjahre, das Mutterland hatte sie also während der ganzen Dauer ihrer unproduktiven Periode ernährt, sie hatten dessen Bildungsanstalten benutzt, ohne durch eigne Produktivität die zu ihrer Erziehung aufgewendeten Kosten zu ersetzen; außerdem nehmen sie in den meisten Fällen ein größtentheil ererbtes, also gar nicht von ihnen selbst erworbenes Vermögen mit und mindern hierdurch direkt den absoluten nationalen Wohlstand.

Aus diesen Erwägungen läßt sich für Deutschland den fremden Staaten gegenüber ein unumstößliches Recht herleiten, gewisse Beziehungen engerer Natur als die allgemein internationalen mit seinen Emigranten zu unterhalten. Aus denselben Gründen seiner Berechtigung und der Auffassung des Berufes unseres modernen Culturstaates ergeben sich zugleich die Grenzen, innerhalb deren sich oben erwähnte Beziehungen zu bewegen haben. Der heutige Staat begreift seine Aufgabe nicht nur darin, die Interessen der allgemeinen Wohlfahrt gegen Uebergriffe einzelner zu schützen, sondern er wahrt auch die mit dem Gemeindewohl verträglichen Sonderinteressen vor Erdrückung durch die Gesammtheit.

Es ergibt sich hieraus, daß die Berechtigung Deutschlands seinen Auswanderern gegenüber nicht so weit gehen kann, ihnen ein bestimmtes Territorium unter Ausschluß aller übrigen anzuweisen, und das Verhältniß dieser Colonie zu dem Mutterlande nach Gutdünken zu bestimmen. Es erscheint vielmehr als einziges Mittel der Verbindung die Schaffung eines Interessenkreises, der sowohl Colonie als Mutterland umfaßt.

c. Wer hat die Initiative zu ergreifen zur Organisation der Auswanderung.

Treten wir jetzt an die Erörterung der Frage: „Wer hat die Initiative zur Organisation des deutschen Auswanderungswesens zu ergreifen" heran, so haben wir zunächst den Begriff der deutschen Reichsregierung von dem allgemeinen Begriffe der deutschen Nation abzuscheiden.

Der Staat, welcher bei Colonisationen nur Ziele allgemeiner Natur verfolgt, ist natürlich in erster Linie dazu berufen, die Organisirung der Emigration zu veranlassen. Die Größe der ihm zur Verfügung stehenden Mittel eignen ihn auch praktisch am besten hierzu. Allein in unserem concreten Falle, bei der thatsächlichen Lage der Verhältnisse dürfte es gerathener sein, wenn der Staat zum mindesten nicht die Initiative zur Lösung der Frage ergriffe.

Wollte die deutsche Regierung die Gründung von Colonien veranlassen, so müßte das Colonialterrain der Souveränität des deutschen Reiches unterstellt sein, denn die Würde des Reiches ließe nicht zu, daß seine Beamte als Colonialbeamte die Oberhoheit eines fremden Staates anerkennten, man müßte also entweder herrenloses Land occupiren, wodurch die Auswahl unter den sich sonst eignenden Territorien eine sehr beschränkte wäre, oder man müßte durch Kauf eine größere Landstrecke zu erwerben suchen. Wäre nun auch augenblicklich die Finanzlage des Reiches nicht eine derartige, daß sich ein solches

Projekt von vornherein ausschlöße, so müßte eine so große unproduktive Belastung der Colonie das Unternehmen doch zum mindesten unrentabel machen. Außerdem würde auch jedes wie immer geartete Vorgehen des Reiches die Eifersucht der interessirten Staaten im höchsten Grade erregen, und hätten wir Intriguen auch nicht gerade zu fürchten, so würden sie doch keinesfalls der Entwickelung der Colonie förderlich sein, und es würde sich empfehlen dieselbe zu vermeiden, wo auf anderem Wege die gleichen Zwecke erreicht werden könnten.

Geht die Initiative zur Gründung von Colonien von einer Privatgesellschaft aus, so wäre die staatsrechtliche Stellung, der schwierigste Punkt des ganzen Unternehmens, bedeutend leichter zu bestimmen. Die Gesellschaft könnte ohne Schwierigkeit die Souveränetät des Staates, in dessen Territorium das Colonialgebiet gelegen wäre, anerkennen, wenn ihr Corporationsrechte verliehen, und vertragsmäßig eine Reihe von Privilegien zugestanden würden, welche bezweckten die Entwickelung des Unternehmens vor fremder Beeinflussung zu sichern.

Eine Gesellschaft zur Concentration der deutschen Auswanderung müßte sich natürlich von andern Emigrationscompagnien dadurch unterscheiden, daß dem Motive des Gelderwerbs nur untergeordnete Bedeutung zugewiesen würde. Das Hauptstreben der Gesellschaft müßte dahin gerichtet sein, Deutschland und hiermit sich selbst indirekte Vortheile dadurch zu verschaffen, daß sie das Aufblühen der Colonie beförderte durch Zuleitung möglichst vieler Immigranten, durch gute Administration, durch Hebung der Intelligenz, durch Gründung von Bildungsanstalten, durch Beförderung des Verkehrs, durch Anlage von Communicationsmitteln, so daß durch alle diese Maßnahmen der Wohlstand in der Colonie gehoben, und ihre Consumtionsfähigkeit vergrößert würde, was unter Voraussetzung der Handelsverbindung mit Deutschland dessen Absatzgebiet vergrößern, und in letzter Consequenz seinen eignen Wohlstand wieder heben würde. Die Rentabilität des Unternehmens wäre insofern zu berücksichtigen, als das aufgewendete Capital sich zu einem mäßigen Procentsatze verzinsen, und in bestimmten Zeiträumen amortisiren lassen müßte.

Hierdurch wäre einerseits jeder Intervention rivalisirender Großmächte der Boden entzogen; denn so wenig es Jemand hindern konnte, daß in Indien sich jene große englische Handels=compagnie bildete, ebenso wenig vermögte man es Deutschland zu verwehren, seine Handelsbeziehungen zu erweitern; anderer=seits wären aber Deutschland dieselben Vortheile gewahrt, die es aus, unter seiner eigenen Souveränetät stehenden Colonien, zu ziehen vermöchte.

d. Welchen Bedingungen hat ein Territorium zu genügen, um als Concentrationspunkt der deutschen Emigration geeignet zu erscheinen?

Bevor wir uns zur Besprechung derjenigen Territorien wenden, welche zur Aufnahme einer deutschen Emigration als die günstigst situirten erscheinen, haben wir diejenigen Beding=ungen festzustellen, welche sie im Allgemeinen Genüge leisten müssen.

Sollen zwischen Deutschland und der Colonie dauernde Handelsverbindungen erhalten werden, so müssen sich dieselben auf eine breite nationale Grundlage stützen, damit auch in späteren Generationen, welchen Deutschland nicht mehr Vater=land ist, wenigstens das Gefühl der Zusammengehörigkeit mit dem Stammlande erhalten bleibt. Es müssen deshalb die na=tionalen Eigenthümlichkeiten der Sprache und Sitte den Aus=wanderern gewahrt werden. In positiver Weise läßt sich hier=für wirken durch Unterhaltung eines lebhaften geistigen Verkehrs im Austausch der Produkte von Kunst und Wissenschaft, sowie durch steten Nachschub neuer deutscher Immigranten. Soll aber dieses Streben überhaupt mit Erfolg gekrönt sein, so darf das Colonialterrain nur von einer schwachen auf wenig entwickelter Culturstufe stehenden Bevölkerung besetzt sein; auch darf das

Gebiet nicht der Souveränetät eines kräftigen Staatswesens unterstehen, da in diesem Falle die nationale Entwickelung der Colonie von außen gehemmt werden könnte. Eine weitere Bedingung wäre eine möglichst große Annäherung an die klimatischen Verhältnisse Deutschlands. Kann auch die Annahme, eine hohe Culturentwickelung sei nur in gemäßigtem Klima möglich, noch lange nicht unbedingte Glaubwürdigkeit beanspruchen, denn es wird doch wohl Niemand die alten Culturländer Indien, Babylonien, Assyrien, Aegypten, Griechenland, Italien 2c. als Länder von gemäßigtem Klima bezeichnen wollen, so dürfte doch die Colonie in eigentlich tropischen Regionen nicht angelegt werden, da es dem in Deutschland geborenen und erzogenen Arbeiter auf die Dauer unmöglich würde, bei ländlicher Beschäftigung ein wesentlich wärmeres Klima als das seines Heimathslandes zu ertragen. Wir dürfen aber dann nicht jedes zwischen den beiden Wendekreisen gelegenen Land der tropischen Zone zutheilen, denn das Klima eines Landes bestimmt sich aus so vielerlei Faktoren, der absoluten Höhenlage, der Größe des Niederschlages und dem hierdurch bedingten Feuchtigkeitsgehalte der Atmosphäre, etwaigen Luft- oder Meeresströmungen, daß das thatsächliche Klima in der Regel ein ganz verschiedenes von dem ist, welches man nach der Breitenlage erwarten zu dürfen glaubt.

Große Fruchtbarkeit des Bodens ist für eine Colonie, deren wesentlichste Bestimmung der Ackerbau ist, ein so selbstverständliches Erforderniß, daß man es eigentlich kaum zu erwähnen brauchte. Außerdem wäre noch ein gewisser Reichthum natürlicher Hilfsquellen erforderlich, als Holz, Kohlen, Petroleum 2c. Reichthum an Edelmetallen wäre ein Vorzug, auf den jedenfalls nur geringes Gewicht zu legen wäre, denn die ruhige gesetzmäßige Entwickelung einer Ackerbaucolonie wird durch den Besitz von Minedistrikten mit ihrer unzuverlässigen zu gewaltthätigem Vorgehen geneigten Bevölkerung jedenfalls nicht gefördert, und die geringen pecuniären Vortheile, welche der

Reichthum an edlen Metallen bringt, wiegen die moralischen Schäden, die er stets im Gefolge hat, bei weitem nicht auf.

Endlich bedürfte die Colonie behufs ihrer Verbindung mit Deutschland der direkten Nähe des Meeres, und eines durch den Weltverkehr berührten Hafens, da die Herstellung von Schifffahrtsverbindungen ausschließlich für den Verkehr mit der Colonie bei dem anfänglich geringen Waarenumsatz derselben bedeutende Opfer erforderte.

e. Colonisationsobjecte.

Bei Gründung einer deutschen Colonie können eigentlich nur Südamerika und Afrika in Betracht kommen. Besitzen auch Nordamerika und Australien noch weit ausgedehnte disponible Territorien, so ist doch dortselbst der amerikanische resp. englische Einfluß so ausschließlich, daß von einer privilegirten Stellung der Deutschen behufs nationaler und handelspolitischer Verbindung mit Deutschland nicht die Rede sein könnte.

Ueber die Zustände von Centralafrika haben erst die Forschungen der beiden letzten Jahrzehnten Licht verbreitet; wir wissen jetzt, daß sich hinter den sterilen Küsten ein nicht minder culturfähiges Land als das der übrigen Continente ausbreitet, allein der Anlage einer Colonie durch eine Gesellschaft stehen dort doch bedeutende Schwierigkeiten entgegen. Die Küste ist überall durch ihre klimatische Beschaffenheit ungeeignet; eine Colonie im Innern aber würde wegen ihrer isolirten Lage nicht nur ein größeres Anlagekapital erfordern, sondern die Verkehrskosten würden sich auch erheblich steigern. Ferner wären die barbarischen Staaten mit ihrer theilweise ganz ansehnlichen Bevölkerung eine stete Gefahr für die Colonie, und endlich wäre gerade in Afrika ein feindseliges Auftreten Englands am ehesten zu erwarten.

Bei einer eventuellen Wahl Südamerika's wären zweifelsohne diplomatische Schachzüge von Seiten der Vereinigten

Staaten zu erwarten, allein da ihr direktes Interesse südlich der Landenge von Panama nicht engagirt ist, so wären ernstere Bedenken unbegründet. Brasilien, die Laplatastaaten und Chile haben bereits seit einigen Jahrzehnten eine nicht ganz unbedeutende deutsche Immigration. Allein in keinem dieser Staaten, Chile etwa ausgenommen, ist es dem deutschen Element bis jetzt gelungen, einen bemerkenswerthen Einfluß auf die Entwickelung des Landes auszuüben. Der Grund liegt darin, daß die Colonien fast nur aus Arbeitern bestanden, die oftmals nicht einmal Herren ihres Grund und Bodens waren, also nur einen Ersatz der frei gewordenen Neger bildeten, daß die Behandlung von Seiten der brasilianischen und argentinischen Regierung besonders eine ganz unwürdige war, so daß bei der schwachen Verbindung mit Deutschland die Nachzüge bald schwächer wurden und schließlich fast ganz aufhörten, und daß in Folge dessen die deutschen Colonisten sich rasch einer Culturstufe näherten, die über jene der Eingeborenen sich nur wenig mehr erhob. Ließe sich auch ohne Schwierigkeit eine politische Gleichstellung der Deutschen mit den Eingeborenen durchsetzen, so dürfte doch die Erhaltung deutscher Nationalität inmitten von Staaten, die bereis Weltstädte, wie Rio de Janeiro, Buenos Aires und Santiago besitzen, zur Unmöglichkeit werden.

Außerdem waren die Laplatastaaten theils wegen der Nähe von Europa, theils wegen des Reichthums seiner Silberminen in früheren Jahrhunderten ein Hauptobjekt der spanischen Emigration. Wo aber die Spanier in größerer Anzahl lebten, da darf man versichert sein, nicht eine Spur von Waldung anzutreffen. Eine Folge jener sinnlosen Abholzungen war das Ueberhandnehmen der Heuschrecken, so daß diese Plage in manchen Gegenden der Argentinrepublik bereits jetzt eine Ausdehnung gewonnen, daß die Landwirthe durchschnittlich kaum ein Viertel ihrer Erndten in Sicherheit zu bringen im Stande sind. Die last but not least der Landplagen der argentinischen Republik sind die Gauchos. Der sanfte gelehrige Indianer der Sierra hat mit dem wilden stupiden der Pampa absolut nichts gemein. Unzertrennlich mit seinem Pferde verwachsen durchstreift der letztere die Niederungen des Rio Plata, jede Gelegenheit zu Raub und Diebstahl erspähend und benutzend. Ebenso feige wie blutdürstig vermeidet er den offenen Angriff, glaubt er sich aber in hinreichender Uebermacht, so überfällt er einzelstehende Niederlassungen und mordet erbarmungslos alles, was ihm in die Hände fällt. Wollte also die Colonie sich gegen feindliche Angriffe sicher stellen, so würde die Vertheidigung einen nicht unbedeutenden Theil der Kräfte der Colonie absorbiren.

Weit geeigneter zur Anlage einer deutschen Colonie wäre Ecuador der südwestlichste der drei columbianischen Staaten.

Die frühzeitige Erschöpfung des Reichthums an edlem Metall, die isolirte Lage und der schwierige Zugang in das Innere des Landes haben bisher den Strom der Auswanderer abgelenkt, so daß dieses Staatswesen neben Bolivia wohl das am wenigsten entwickelte aller südamerikanischen Republiken ist; die Bevölkerung ist deshalb am meisten disponirt sich neuen kräftigeren Elementen zu assimiliren, und die Regierung wird jedes Unternehmen begünstigen, das geeignet scheint, die Entwickelung des Landes zu fördern.

Da Ecuador in Deutschland nur wenig bekannt ist, so geben wir im folgenden eine gedrängte Schilderung des Landes und seiner Bewohner.

II. Ecuador.

a. In geographischer und topographischer Hinsicht.

Ecuador erstreckt sich vom 1. Grade nördlicher bis zum 4. Grade südlicher Breite. Die politischen Grenzen im Norden und Süden bilden die Gebiete der Vereinigten Staaten von Columbia und Peru, im Westen begrenzt der stille Ocean die Republik, während die Ostgrenze gegen Brasilien noch ihrer Bestimmung harrt, da jenes ganze Territorium theils gar nicht, theils von gänzlich uncivilisirten Indianern bewohnt ist, also zunächst noch keine Veranlassung zur Erhebung von Grenzstreitigkeiten zwischen den interessirten Staaten vorliegt.

Die horizontale Gliederung des Landes ist eine der bedeutensten aller südamerikanischen Republiken, denn nicht nur erweitert sich die Mündung des Guayas golfartig auf eine Länge von mindestens 20 deutschen Meilen, sondern auch die Küsten der Provinzen Manabi und besonders Esmeraldas erscheinen durch das Eintreten des Meeres vielfach gegliedert.

Seine verticale Gliederung verdankt Ecuador den Anden, die sich bei ihrem Eintritt in das Gebiet der Republik in zwei Arme spalten auf diese Weise die Hochebene von Quito umschließend.

Der Westabhang der Anden ist bekanntlich sehr jäh abfallend und mit seinen Ausläufern zuweilen fast das Meer berührend, weßhalb sich auf dieser Seite die Entwickelung von

Flüssen einiger Bedeutung verbietet. Der Ostabhang ist bedeutend gemäßigter, so daß sich einzelne Ausläufer noch tief in das brasilianische Gebiet fortsetzen. Auf dieser Seite befindet sich eine größere Anzahl schiffbarer Nebenflüsse der Amazonas, von denen die Mehrzahl in ihrem mittleren Laufe die Breite des Rheines bei Mainz weit übertrifft.

Der schmale Küstensaum im Westen der Anden ist mit wenig Ausnahmen horizontal, während ostwärts, nachdem das Terrain den Charakter einer Gebirgslandschaft bereits verloren hat, der Boden immerhin noch wellenförmige Gestaltung zeigt.

Die Breitelage Ecuadors ließe auf ziemlich heißes Klima schließen, thatsächlich übersteigt die Temperatur an der Küste selten 30 Grad Celsius, da die vom Kap Horn kommende längs der ganzen Westküste Südamerikas sich hinziehende kalte Meeresströmung eine bedeutende Temparaturermäßigung bewirkt. Im Gebirge läßt sich von einem einheitlichen Klima überhaupt nicht reden, denn die verschiedenen verticalen Gliederungsverhältnisse des Landes ermöglichen Temparaturverschiedenheiten von tropischer Hitze bis zur eisigen Kälte des Nordens. Wesentlich heißeres Klima besitzt natürlich der Ostabhang der Cordilleren besonders in den feuchten Niederungen des Amazonas und seiner Nebenflüsse, da hier die Einwirkung der Nähe des Aequators weder durch höhere Lage noch durch andere Einflüsse paralysirt wird.

Die hydrographischen Verhältnisse sind sehr verschieden. Während sich an der Küste sämmtliche Regenniederschläge in dem Halbjahre von Januar bis Juni concentriren hat das Hochgebirg während des ganzen Jahres Regen. Letzteres erklärt sich aus der raschen Abkühlung der Luft während der Nacht. Die hierdurch gebildeten Dünste schlagen sich dann am folgenden Morgen entweder als Thau nieder oder sie steigen in die Höhe und vermögen dann lokale Regenschauer zu verursachen.

b. Ethnographische Verhältnisse.

Trotzdem die spanische Immigration vor mehr als drei Jahrhunderten begann, und der Einwanderer sich sogleich mit der vorgefundenen Bevölkerung zu verschmelzen begannen, und obgleich bereits seit mehr als 60 Jahren die Einwanderung so zu sagen stille steht, vermochte sich doch eine eigne Nationalität aus den verschiedenen Rassenelementen bis jetzt noch nicht herauszubilden. Der Indianer und Mischling steht dem Neger und Weißen nicht nur in psychologischer Hinsicht unendlich fern, sondern auch die Körperbeschaffenheit scheidet die einzelnen Rassen streng von einander.

Von einem gemeinsamen Recht als nationalem Band kann bei einem Bevölkerungsconglomerat von so tiefer Civilisationsstufe, daß der eigentliche Rechtsbegriff mehr von außen importirt ist, als daß er im Volke wurzelnd sich mit der Entwickelung der Begriffe herausgebildet hätte, nicht die Rede sein.

Auch die Geschichte des Landes während der letzten Jahrhunderte kann keine gemeinsame genannt werden, denn in den Befreiungskämpfen waren die Interessen der Creolen von denen der Indianer und Neger weit verschieden, so zwar, daß es der spanischen Heeresleitung sogar gelang in einzelnen Provinzen wie in Columbia die farbige Bevölkerung im offenen Kampfe gegen die Republikaner zu verwenden. Glückte es auch der Patriotenpartei vorzüglich mit Hülfe der spanischen Treulosigkeit die Farbigen wieder ganz auf ihre Seite zu ziehen, so wurde doch durch die gemeinsamen Kämpfe die Interessenverschiedenheit keineswegs aufgehoben, wie es von dem edlen Bolivar beabsichtigt war, sondern nur durch die Nähe der gemeinsamen Gefahr zurückgedrängt.

Die Möglichkeit einer derartigen separaten Entwickelung der verschiedenen Volksstämme mit streng gesonderten Interessenkreisen leitet sich aus der von der spanischen Regierung befolgten Politik der Isolirung der Weißen von den übrigen Be-

wohnern des Landes her. Um die Verwaltung zu centrali=
siren, vereinigte man große Gütercomplexe in den Händen der
wenigen spanischen Immigranten, indem man den Indianer,
den legitimen Besitzer des Landes, von dem Genusse bürger=
licher Rechte und Freiheiten ausschloß. Wenn man den miß=
handelten Indianern dann den Namen der Freiheit beließ, in=
dem man erklärte, er könne nach seiner Bekehrung zum Christen=
thum nicht Sklave sein, so war dies erbärmliche Sophistik,
denn der besitzlose indianische Proletarier war bedingungslos
der Willkür des spanischen Ansiedlers überantwortet.

Indem die Regierung in dieser Weise die Berechtigung
der Rassenverschiedenheit staatlich sanctionirte, begründete sie
die volle Suprematie des Weißen über den Indianer, und ver=
hinderte die Verschmelzung beider Volksstämme und Heraus=
bildung einer einheitlichen Nation. Denn unter derartigen
Verhältnissen konnte von einem Zustandekommen legitimer Ver=
bindungen zwischen Spaniern und Indianern nicht die Rede
sein, und entwickelte sich auch in illegitimer Weise eine zahl=
reiche Mischlingsrasse, so war diese doch weit entfernt einen
Uebergang zwischen den beiden Stammrassen zu bilden. Miß=
handelt von den Weißen, gehaßt und verachtet von den In=
dianern, fand die heranwachsende Generation der Mischlinge
(cholos) nirgends Stütze und Anleitung zur Entwickelung der
in ihr liegenden guten Anlagen, wogegen bei ihrer tiefen so=
cialen Stellung und gänzlichen Vernachlässigung der Erziehung
alle schlechten Keime Gelegenheit fanden, sich zur höchsten
Blüthe zu entwickeln, so daß man es schließlich ganz natür=
lich und im Verhältniß des Weißen zum Indianer begründet
fand, daß der Nachkomme beider alle Laster der Stammrassen
erbe; als ob geistige und moralische Beschaffenheit des Men=
schen nicht ein Produkt der Erziehung, sondern ein Resultat
von Eigenschaften seiner Vorfahren sei.

a. Der weiße Nachkommen des Spaniers, der sich mit
Vorliebe de sangre puro nennt, gleicht nur wenig mehr seinen
robusten Vorfahren. Die Jahrhunderte lange Unthätigkeit des

Geschlechtes, die rückhaltlose Hingabe an Sinnengenuß jeder Art und endlich die häufigen Heirathen innerhalb der Blutsverwandschaft haben eine Degeneration herbeigeführt, die in der allgemeinen schwächlichen Körperconstitution der Leute ihren Ausdruck findet.

Das Antlitz des spanischen Amerikaners beiderlei Geschlechts zeigt stets eine große Regelmäßigkeit und Feinheit der Züge, der Wuchs ist durchweg gerade und schlank, allein die gedrungene robuste Gestalt des conquistadors ist verschwunden.

Die Beschränkung der politischen Freiheit von Seiten der spanischen Regierung einerseits und ihre Nachsicht allen Excessen der Weißen den Indianern gegenüber andererseits konnten natürlich die Entwickelung des Charakters und des sittlichen Gefühles der Bevölkerung nur in höchst nachtheiliger Weise beeinflussen; es trägt deshalb an der tiefen sittlichen Verkommenheit der Bevölkerung weniger Ecuador, als vielmehr die Mißwirthschaft der spanischen Regierung die Schuld.

Die Vorliebe des Spaniers zur Unthätigkeit mußte sich bei dem Amerikaner zur vollständigen Trägheit entwickeln, da ihm jede Anregung zur Thätigkeit genommen war. Eben dieser Mangel jeder geregelten Thätigkeit veranlaßte den Creolen, Zerstreuung in der Befriedigung sinnlicher Gelüste zu suchen; und da die farbige Bevölkerung des Landes schutzlos seiner Willkür preisgegeben war, ist es leicht erklärlich, daß der Strom wilder Leidenschaften alle Schranken der Zucht und guten Sitte durchbrach. Die Corruption wurde immer allgemeiner, alle edlen Regungen des Herzens erstarben, so daß der heutige Südamerikaner neben vielen Schattenseiten nur wenige Vorzüge aufzuweisen hat. Er besitzt den Hang des Spaniers zur Unthätigkeit, ebenso dessen Fanatismus, sein Edelmuth aber ist ihm fremd. Mit dem Yankee hat er den widerlichen Egoismus gemein, ohne dessen Energie und Thatkraft zu theilen. Er versichert jeden beim ersten Zusammentreffen seiner innigsten Freundschaft, stellt sich ganz zur Verfügung, und drückt einem Menschen, den er vorher nie gesehen, von dessen Existenz er nie eine Ahnung gehabt hat, seine Anerkennung in so überschwenglichen Worten aus, daß der Europäer im Anfange nicht selten ganz außer Fassung geräth. Bei derartigen Leistungen setzt der Südamerikaner natürlich nicht voraus, daß man sie für baare Münze annimmt, es ist eben dieselbe Phraseologie, die man auch bei uns in gewissen Kreisen als zum guten Ton gehörig rechnet, nur in etwas größerem Maßstabe.

In engem Zusammenhang mit dieser Charaktereigenthümlichkeit steht seine Unzuverlässigkeit und die zuweilen mit verblüffender Unverschämtheit auftretende Unwahrhaftigkeit.

Will in Europa jemand sich einem lästigen Besuche entziehen, so läßt er doch durch einen Diener seine Abwesenheit bedauern, einem deutschen Reisenden in Ecuador begegnete es aber in den letzten Jahren, daß, als er in dem Vorzimmer einer Hacienda den Diener beauftragte, bei der Frau des Hauses anzufragen, ob sein Besuch ihr angenehm sei, diese selbst mit großer Kaltblütigkeit aus dem Nebenzimmer rief, sie sei nicht anwesend.

Neben diesen weniger empfehlenswerthen Seiten besitzt der Creole allerdings auch gute Eigenschaften. Er unterzieht sich großen Entbehrungen, wenn er hoffen kann ein Ziel dadurch zu erreichen, er ist in einem Grade genügsam, daß die Tugend schon fast anfängt Fehler zu sein, einem energischen Willen gegenüber zeigt er sich lenksam, und endlich läßt sich nicht leugnen, daß er sich wenigstens bestrebt, die Höhe europäischer Civilisation zu erklimmen, und wenn er hierzu nicht die rechten Mittel wählt, und sich in Aeußerlichkeiten verliert, so ist er zu bedauern, aber einen Vorwurf kann man ihm deßwegen nicht machen.

b. Der cholo steht dem Weißen entschieden nach in körperlicher wie in geistiger Hinsicht. Die mangelhafte Nahrung hat seine Constitution so geschwächt, daß er zu angestrengter Arbeit gänzlich untauglich ist. Seine tiefe sociale Stellung und die hierin begründete Mißachtung haben ihn einerseits feige und andererseits heimtückisch gemacht. Er würde deßhalb eher verhungern als einen räuberischen Angriff wagen, bietet sich aber Gelegenheit kleine Diebereien zu begehen, so versäumt er dieselbe sicher nicht, gleichgültig ob das Objekt einen reellen Werth für ihn hat, oder nicht. Außer der Peitsche vermag nichts ihn der Unthätigkeit zu entreißen, und seine Unreinlichkeit ist ganz haarsträubend. Daneben ist er sparsam und genügsam und seinen Stammesgenossen gegenüber in hohem Grade uneigennützig.

Wesentlich verschieden von ihm ist der zambo, der Mischling zwischen Caucasier und Neger. Er übertrifft den cholo zwar an Körperkraft, steht ihm aber an geistiger Befähigung nach; er ist leichter erregbar und rachsüchtig; es kostet zwar ebenso große Anstrengung ihn bei der Arbeit zu erhalten wie den cholo, allein seine Leistungsfähigkeit ist entsprechend seiner größeren Körperkraft bedeutender.

c. Das reine indianische Element ist das gesundeste in jeder Beziehung. Ist der Indianer auch von der Höhe der peruanischen Civilisation allmählig wieder in den Urzustand der Barbarei zurückgesunken, so hat er doch seine geistige Kraft nicht eingebüßt, so daß er bei geschickter Leitung sich sehr rasch heben wird. Das rauhe aller Bequemlichkeit entbehrende Leben hat seine Constitution gekräftigt, und die einfache stets gleichförmige Kost bewirkt, daß er häufig das hundertste Lebensjahr überschreitet. Seiner größeren körperlichen Reinlichkeit entspricht auch edleres Denken und Fühlen. Wenn gleich es nicht Wunder nehmen darf, daß bei seiner gedrückten Lage das Gefühlsvermögen sehr wenig entwickelt ist, so ist doch die Treue, Anhänglichkeit und Uneigennützigkeit der Stammesgenossen unter einander eine sehr große. Wenn der Indianer sich gegen den Fremden kalt oder abweisend verhält, so darf dies nicht befremden, denn die Erinnerung glücklicherer Tage, denen die spanische Invasion ein Ende machte, hat sich traditionell im Volke erhalten. Genialität ist dem Indianer versagt, dagegen besitzt er die Gabe der Nachahmung in hohem Grade.

Wenn er dem Weißen nicht mindestens gleichberechtigt ist,

so ist der Grund dieser Erscheinung nicht in seiner Befähigung sondern in äußeren Verhältnissen zu suchen. Die spanische Invasion unterwarf eben den Indianer und ein äußerer Impuls zu seiner Emancipation ist ihm noch nicht gegeben. Aus eigener Kraft vermag sich aber ein Volk nur dann zu erheben, wenn die Gesetze des Landes ihm eine freie Entwicklung gestatten. Einer selbstthätigen Erhebung des Indianers steht außerdem noch die den Grundzug seines Charakters bildende Passivität entgegen. Unter guter Leitung wird er zu den stärksten Leistungen befähigt, allein zu selbstständigem Handeln ist er gänzlich unbrauchbar. Diese charakteristische Eigenthümlichkeit verdankt die indianische Rasse der in der Geschichte beispiellos dastehenden Bevormundung durch den Staat.

Es hatte dies zu den Zeiten der Inkas vielleicht den Vortheil, daß die alten Peruaner wohl so zufrieden und glücklich lebten, als kaum je eine Nation; es ermöglichte aber auch den Spaniern in den Häuptern das ganze Volk zu treffen, und durch Beseitigung weniger leitender Staatsmänner die ganze Nation hilflos zu machen.

c. Sociale Verhältnisse.

a. Die socialen Unterschiede entsprechen im Allgemeinen den genetischen. In spanischen Zeiten war ebenso der gesammte Besitz in den Händen der Europäer und ihrer Nachkommen. Hinsichtlich der Besitzverhältnisse vermochte die Zeit eine Verschiebung zu bewirken, allein die sociale Stellung des Weißen seinem farbigen Mitbürger gegenüber vermochte sie nicht zu erschüttern trotz der in der Constitution ausgesprochenen Gleichheit.

Mag auch die materielle Existenz des spanischen Proletariers ebenso fragwürdiger Natur sein als die seines indianischen Mitbürgers, so unterscheidet er sich doch wesentlich von letzterem; er gehört einer Familie des Landes an, er hat, sobald es seine äußere Erscheinung nur einigermaßen erlaubt, Zutritt zu allen Kreisen, ihm sind Staatsämter zugänglich, und er kann endlich in den zahlreichen Revolutionen eine Rolle spielen, was ihm bei glücklicher Parteinahme Gelegenheit geben kann, seine Vermögensverhältniss. zu ordnen: vorausgesetzt ist dabei allerdings, daß er sich niemals durch persönliche Arbeit unmöglich gemacht hat. Die Verhältnisse liegen freilich so, daß er ohnedies nicht veranlaßt wird, diesen Weg zu beschreiten.

Der spanische Amerikaner ist, wie bereits früher bemerkt, von einer für uns unbegreiflichen Genügsamkeit, die klimatischen Verhältnisse des Landes heischen kaum Schutz vor den Unbilden der Witterung, und die Fruchtbarkeit des Bodens bietet das zum Leben Nothwendigste ohne Arbeit, also ist es für den Eingeborenen keine allzu große Schwierigkeit das nackte Leben zu erhalten, da ihm Unterstützungen von befreundeten Familien die Bestreitung anderer Bedürfnisse ermöglichen.

Da nun jede Organisation der vorhandenen Arbeitskräfte fehlt, so können wegen mangelnden Capitals nur verhältnißmäßig wenig Verwendung finden, das Arbeitsangebot ist über Bedarf groß, und die Löhne sind in Folge dessen nicht höher als daß sie den Arbeiter den Unterhalt von Tag zu Tag gestatten. Sieht also der spanische Proletarier keine Möglichkeit durch Arbeit sich Besitz zu erringen, wogegen er die Gewißheit hat, sich von dem Genusse mancher Subsidien abzuschließen, so ist es nicht zu verwundern, daß er überhaupt darauf verzichtet durch persönliche Thätigkeit seine Lage zu bessern, und es vorzieht, die Gestaltung seines Geschickes äußeren Einflüssen zu überlassen.

Der Farbige, mag er Indianer, Cholo, Neger oder Zambo sein, mag er zu Besitz gelangt sein, oder nicht, ist unfähig irgend welche Einflüsse auf die Geschicke des Landes auszuüben, er ist von jedem Verkehr mit den sogenannten guten Familien ausgeschlossen, und wenn er bei irgend einer Revolution Partei ergreift, so kann ihm dies gar keinen Vortheil einbringen, wohl aber kann es den Verlust seines Vermögens herbeiführen.

b. Die Gründe des materiellen Rückganges der besseren Familien, lassen sich ebenfalls zum größten Theil auf die Politik der spanischen Regierung zurückführen. Die durch dieselbe veranlaßte Demoralisation der spanischen Immigranten, hatte zunächst zur Folge, daß der aller Thätigkeit entwöhnte Pflanzer von einer Cultivirung neuer Länderstrecken absah.

Bei der Größe seines Besitzthums lag auch, in der ersten Zeit wenigstens, ein zwingendes Bedürfniß hierzu nicht vor, allein die Anzahl der Familienglieder vermehrte sich, und wenn auch der Bestand der Besitzungen durch das ausschließliche Erbrecht der Erstgeborenen gesichert war, so mußten doch die Größe der auf den Gütern liegenden in stetigem Wachsthum begriffenen Lasten die Ueberschüsse endlich erschöpfen, und von da ab beginnt sich mit Nothwendigkeit ein spanisches Proletariat zu entwickeln. Kann nun die spanische Regierung einerseits von dem Vorwurf nicht freigesprochen werden, durch Schaffung einer widernatürlichen Scheidewand zwischen den verschiedenen Theilen der Bevölkerung alle demoralisirt und hierdurch indirekt die Vermehrung des nationalen Wohlstandes verhindert zu haben, so ist andererseits ihr Verschulden durch Hemmung der Bildung einer einheimischen Industrie direkt die Verarmung des Landes herbeigeführt zu haben um so größer.

Berücksichtigen wir ferner noch, welche Verluste an Capital Ecuador erleidet einestheils durch die steten Revolutionen, anderntheils durch die langjährigen Reisen bemittelter Familien im Ausland, so ist weniger zu verwundern, daß das Land trotz des Reichthums seiner natürlichen Hülfsquellen immer mehr zurückkommt, als vielmehr, daß nicht der letzte Rest früheren Wohlstandes bereits geschwunden ist.

Ist schon bei der weißen Rasse allmälige Verarmung die Signatur der materiellen Lage, so liegen bei der farbigen die Verhältnisse nicht besser. Gelang es auch bei Gelegenheit der Independenzkämpfe einzelnen Indianern und Cholos von hervorragenden Talenten sich Besitz zu erwerben, so konnten sie doch in ihrer Entwickelung nicht fortschreiten, noch viel weniger daran denken, eine Emancipation ihrer Stammesgenossen zu versuchen, da sie es nicht vermochten, die Schranken ihrer socialen Stellung zu durchbrechen.

Im Großen und Ganzen ist die Lage der farbigen Rasse eine trostlose; der Handwerker steht weit tiefer als der schlechtest situirte Arbeiter bei uns, der ländliche Arbeiter aber erhebt sich kaum über das Thier. Ohne jede körperliche und geistige Pflege wächst er in völliger Verwahrlosung heran, die vielfachen Mißhandlungen machen ihn schon frühzeitig stupid und stumpfsinnig gegen das Gefühl· des Guten und Edlen, und die mangelhafte Nahrung läßt die Kräfte seines Körpers nicht zur vollen Entwickelung kommen.

Eigenthum besitzt er nicht, und wenn sein Herr ihm gestattet, eine kleine Strecke um seine elende Lehmhütte für sich zu bebauen, so reicht der Ertrag dieses Bodens, eben nur hin um seine zerlumpte Kleidung von Zeit zu Zeit zu erneuern.

c. Der gesellige Verkehr der besseren Classen beschränkt sich auf gegenseitige Besuche in den Abendstunden. Concerte, Bälle, Promenaden oder Theater gibt es nicht, auch die Stiergefechte werden immer seltener.

Der Ecuadorianer zeigt in solchen Abendgesellschaften eine Gewandtheit des Auftretens, um die ihn der New-Yorker Dandy beneiden dürfte, allein geistige Anregung darf man in diesen Kreisen nicht suchen. Man becomplimentirt sich mit großer Förmlichkeit, bespricht lokale Tagesneuigkeiten, zieht über Abwesende her, tout comme chez nous, und tractirt sich mit Cognac oder spanischem Wein. Den Tag bringt man des Morgens in der Kirche, des Nachmittags in der Hängematte zu. Ist sonach auch der gesellige Verkehr ein ziemlich reger, so nimmt er doch selten die Form wahrer, auf gegenseitige Achtung gegründete Freundschaft an. Der Ecuadorianer ist hierzu zu oberflächlich und zu egoistisch.

Auf dem Lande ist das gesellige Leben sehr triste. Die

Entfernung zwischen den einzelnen Haciendas ist eine zu große, und die Wege sind zu ursprünglich, als daß man sich gegenseitig öfters besuchen könnte.

Lektüre ist bei dem Mangel an Büchern, der allerdings dem Mangel an Bedürfniß entspringt, ein seltener Genuß; trotzdem erträgt der Haciendado lieber die tödtlichste Langweile, als daß er sich um die Verwaltung seiner Besitzungen kümmerte, dies ist Sache des Mayordomo.

Hieraus erklärt sich zur Genüge die Sucht des Ecuadorianers, sich in den Strudel der Vergnügungen von Paris oder London zu stürzen, sobald es seine pecuniären Verhältnisse nur einigermaßen gestatten. Entspringe diese Reiselust einem Bildungsbedürfniß, so wäre sie in hohem Grade berechtigt, und die häufige Berührung mit civilisirten Nationen müßte fördernd auf die Entwickelung des Landes wirken, allein man geht eben nur ins Ausland, um sich zu unterhalten, und bringt auch zu wenig Vorkenntnisse mit, um Vortheile aus dem Aufenthalt in den Metropolen des Wissens zu ziehen.

Auch der Indier und Cholo liebt die Geselligkeit in hohem Grade. Besonders in mondhellen Nächten bleibt man bis weit über Mitternacht vereinigt, indem man tanzt, sich erzählt, eine Art schwermüthiger Wechselgesänge singt und Chicha, gegohrenes Maisbier, trinkt.

d. Moral und Religion.

Moral und Religion stehen in inniger Beziehung zu einander. Die Moralität eines Volkes gibt stets einen Maßstab zur Beurtheilung der Reinheit seiner Religion; verliert letztere ihren Idealismus, um sich in ihr Zerrbild in Fanatismus zu verkehren, so ist ein Rückgang der allgemeinen Moral unausbleiblich.

Die äußere Form des Bekenntnisses in Ecuador ist der Katholicismus, sein Wesen ist aber dort so mißkannt, wie in allen spanischen Colonien.

Das Bewußtsein der Unlauterkeit ihrer Absichten mochte die Spanier veranlaßt haben, alle ihre Raubzüge unter der Devise der Ausbreitung des Glaubens auszuführen. Je größere Schandthaten man sich erlaubte, um so eifriger überredete man sich, die Verdienste, die man durch Bekehrung der Indianer erworben, seien so groß, daß das Bischen Rauben, Sengen, Schänden dagegen gar nicht in Betracht komme. Verknöcherte sich auf diese Weise bei der herrschenden Klasse der Katholicismus in hohlen Formen, so gelang es ihm nie bei der indianischen Bevölkerung tiefer einzudringen. Man nahm die äußere Form des Bekenntnisses an, weil es die Gewalthaber befahlen, allein das Wesen des Christenthums blieb den Indianern fremd.

Die verkehrte Auffassung des Religionsbegriffes trug nicht wenig zur Demoralisation des Landes bei. Man kam dazu, die Buße nicht für ein Besserungsmittel zu halten, sondern für ein bequemes Mittel sich seiner Schuld auf angenehme Art zu entledigen. Dagegen übertrieb man in geringen und unwichtigen Dingen, der Glaubenseifer steigerte sich zu rasendem Fanatismus; und schließlich gelangte man dahin, die Religion selbst nicht für ein Institut zur Läuterung des Menschen zu halten, sondern für ein Gut, dessen Besitz die Anwartschaft auf eine Versorgung im Jenseits garantire.

Von da ab hörte der sittlichende Einfluß der Religion auf die moralische Entwickelung der Bevölkerung auf. Die Corruption wurde eine immer allgemeinere, und griff stets tiefere Wurzeln, so daß die Begriffe Familie und Sittlichkeit nach der Bedeutung, die wir ihnen beilegen, in der Masse der ecuadorianischen Bevölkerung kein Verständniß finden.

Enges Zusammenleben zahlreicher Menschen beeinflußte stets die Moralität in ungünstiger Weise. Die durch die Erfindung der Neuzeit bewirkte Umgestaltung des Verkehrs, äußerte sich in ihren Folgen, als eine zehn- bis achtzehnfache Verringerung der Distanzen, und aus diesen Gründen zeigt sich auch in Europa im laufenden Jahrhundert ein allgemeiner Rück=

gang der Moralität, aber man bestrebt sich doch immer ein gewisses äußeres Dekorum zu wahren, allein in Ecuador fällt großentheils auch dieses weg. Man schließt in den besseren Familien zwar kirchliche Ehen, hält sich aber hierdurch durchaus nicht verhindert nach eignem Geschmack zu leben. In den unteren Schichten vollends ist der geschlechtliche Verkehr fast ganz unbeschränkt. Da der Begriff Familie in dem bei uns gebräuchlichen engeren Sinne hier unbekannt ist, so bezeichnet der Cholo ganz richtig mit diesem Namen nicht blos seine Frau und Kinder, sondern den ganzen Kreis seiner Freunde und Verwandten.

Unter anderen Verhältnissen würde schon die Erziehung der Kinder eine festere Organisation dieser Institutionen erheischen, bei der ecuadorianischen Genügsamkeit aber und der leichten Gewinnung der zum Leben nothwendigsten Nahrungsmittel bietet die Erziehung der Kinder keine Schwierigkeit; außerdem liegt es im Interesse des Gutsherrn seine Arbeiterbevölkerung zu vermehren, und er gewährt deßhalb gerne die zur Kindererziehung benöthigten Mittel, sei es durch Lieferung größerer Quantitäten von Mais, sei es durch Ueberweisung von Boden zur Nutznießung an seine Arbeiter. Der Mangel jeglichen Besitzes hat den Egoismus des Farbigen sehr zurückgedrängt, so daß er seine Nahrung mit allen Bewohnern seiner Hütte theilt, gleichviel wer sie seien, und schließlich macht eben diese Besitzlosigkeit der niederen Bevölkerungsschichten die Feststellung der Vaterschaft aus Erbschaftsrücksichten unnöthig, so daß aus diesen Gründen ein fester Anschluß der Kinder an ihre Erzeuger kaum nöthig ist.

Eine Hebung der religiösen und moralischen Mißstände durch den einheimischen Clerus ist nicht denkbar.

Hervorgehend aus derselben demoralisirten Gesellschaft trägt er dieselben socialen Schäden, und fehlt ihm so gut wie jener im Allgemeinen sogar die Kenntniß derselben.

Eine Anbahnung besserer Zustände ist allerdings unter der Regierung Garcia Moreno's versucht worden durch Herbei=

ziehung fremder besonders deutscher Geistlichen, durch Gründung von Priesterseminarien und Unterstellung derselben unter die Leitung jener, allein ein praktisches Resultat konnte bis jetzt noch nicht erzielt werden, theils wegen der Kürze der Zeit, theils weil dem Werke der fremden Missionäre von Seiten des einheimischen Clerus noch bedeutender Widerstand entgegengesetzt wird.

c. Kunst und Wissenschaft.

Bedeutende Anlage für Musik und Malerei ist allen Bevölkerungsschichten Ecuadors gemeinsam. Garcia Moreno, der erste Präsident vielleicht, welcher das ernste Bestreben hegte, sein Volk in die Bahnen des Fortschritts zu lenken, gründete, um jenen Talenten Gelegenheit zur Ausbildung zu geben, eine Malerakademie und ein Conservatoirum. Allerdings entsprachen jene Institute nicht den gehegten Erwartungen, denn wirkliche Kunst kann sich nur auf der breiten Basis allgemeiner Bildung entwickeln, und diese fehlt eben noch der ecuadorianischen Bevölkerung.

In der spanischen Zeit waren Schulen selbst an größeren Orten nicht gestattet, da die königliche Regierung es dem farbigen Elemente der Bevölkerung unmöglich machen wollte, die ihr gezogenen Schranken seiner socialen Stellung zu durchbrechen.

Die Republik beseitigte zwar die der Gründung von Schulen entgegenstehenden staatlichen Hindernisse, allein jetzt fehlte es an den nöthigen Mitteln. Der Goldreichthum des Landes war erschöpft, und um seine übrigen Hilfsquellen flüssig zu machen, hätte es einer fleißigen intelligenten Bevölkerung bedurft, und diese fehlte; außerdem begannen jetzt die Revolutionen die letzten Kräfte des Landes aufzuzehren, so daß die wenigen Schulen, welche während dieser Periode in den volkreichen Orten der Republik gegründet wurden, wegen ungenügender Dotation ihre Aufgabe in keiner Weise gerecht werden konnten.

Auch hier bewirkte der unermüdliche Garcia Moreno eine Reformation und dieser Theil seiner Thätigkeit war wohl der, dessen Früchte den aufgewendeten Mühen und Geldmitteln am Meisten entsprachen. Die von ihm gegründeten Elementarschulen haben begonnen, wenigstens die ersten Begriffe des Wissens in der Masse der niederen Bevölkerung zu verbreiten, und jener hierdurch einen Impuls gegeben, sich aus ihrer Jahrhunderte langen Lethargie aufzurütteln.

Die Gründung von Gymnasien war schon zu weitgehend für die Entwickelungsstufe des Volkes; vollends zwecklos waren die von ihm geschaffenen höheren Lehranstalten, die Sternwarte mit ihrer auf der Höhe der Wissenschaft stehende Einrichtung, die polytechnische Schule mit ihren chemischen, physikalischen Cabineten und technischen Vorlagen und die an diesen Unternehmungen verschwendeten Gelder hätten weit nützlichere Verwendung finden können durch allgemeinere Ausdehnung der Elementarschulen auf das Land, durch Anlage von Straßen u. s. w.

Die Universität zu Quito, eine alte Tradition aus spanischer Zeit, liefert dem Lande seine Juristen, Aerzte und Geistliche. Etwas weiteres, wie den Namen, hat dieses Institut allerdings mit den Hochschulen anderer Länder nicht gemein. Die Docenten halten selten Collegien, denn sie müssen mit ihrem Bischen Weisheit ein ganzes Jahr lang haushalten, und die Hörer kommen weniger des Studiums halber, als weil es sich eben schickt, daß ein junger Mann aus guter Familie einige Zeit die Universität frequentirt und Doktor wird. Einen eigentlichen Gelehrtenstand gibt es deßhalb nicht, trotzdem fast jeder Nichtindianer Doktor einer der vier Facultäten ist.

f. Volkswirthschaftliche Verhältnisse.
a. Landwirthschaft.

In Ecuador, wo der Großgrundbesitz von der Regierung geschaffen und erhalten wurde, darf es nicht befremden, daß der zum Sklaven herabgewürdigte ländliche Arbeiter mit dem materiellen Interesse auch das Streben verlor die Betriebsweise des Ackerbaues zu vervollkommnen. Hierdurch wurde dem Gutsbesitzer selbst die Möglichkeit genommen, fördernd auf die Entwickelung der Landwirthschaft einzuwirken, denn neue Erfindungen können wohl von dem Großgrundbesitzer eingeführt werden, allein die wesentlichste Seite ihrer Vortheile wird ihnen nur die Intelligenz der unabhängigen Bauern abgewinnen. Fehlt aber diese Intelligenz, so ist der Arbeiter im Gegentheil indolent, so scheitert jede Mühe der Gutsbesitzer an dem mangelhaften Verständniß seiner Organe.

Der Ackerbau wird in den meisten Gegenden Ecuadors noch ganz in derselben primitiven Weise betrieben, wie es zur Zeit der spanischen Invasion Sitte war. Maschinen sind dort, wo hydraulische Kräfte fast überall zur Verfügung stehen, wo das Brennmaterial an vielen Orten ganz werthlos, und wo endlich andererseits die menschliche Kraft so selten ist, gänzlich unbekannt.

An der wärmeren Küste werden natürlich nur tropische Erzeugnisse: Kaffee, Zucker, Cacao, Tabak u. s. w. angebaut, währenddem man in dem Gebirge in der Regel Kartoffel, Waizen, Mais 2c. pflanzt, und nur in tieferen Thälern Tabak und tropische Früchte producirt; europäische Obst- und Gemüsesorten sind in Ecuador unbekannt, Versuche haben aber nachgewiesen, daß sie nicht nur gedeihen, sondern daß sie mit den californischen Produkten rivalisiren können. Der Weinbau war bekanntlich in Südamerika in den Zeiten spanischer Herrschaft verboten, und bis jetzt konnte sich nur in Chile wohl in Folge der starken deutschen Einwanderung eine nennenswerthe Rebencultur entwickeln. Auch in Ecuador wird jedenfalls die Entwicklung dieses Zweiges der Landwirthschaft mit der deutschen Einwanderung gleichen Schritt halten.

Bei der Fruchtbarkeit des Bodens und des wegen Mangels aller Communicationsmittel schwierigen Transports, der jeden

Export von Viehzuchtartikel verbietet, zieht man da, wo die zum Ackerbau nöthigen Arbeitskräfte vorhanden sind, denselben der Viehzucht vor.

In den bewohnten Gegenden Ecuadors ist ebenso unvernünftig in den Waldungen gehaust worden wie allerwärts in Amerika. Erscheint auch der Holzreichthum des Landes im allgemeinen hierdurch noch nicht geschädigt, denn mindestens $9/_{10}$ des gesammten Territoriums ist gegenwärtig noch Urwald, so hat man es doch dahin gebracht, daß die Holzpreise an manchen bewohnten Punkten des Landes so hoch wie in London stehen.

Gummi- und Chinarindebäume waren vor wenigen Jahrzehnten noch ziemlich zahlreich vorhanden, allein die rücksichtslose Abholzung läßt in nicht allzu ferner Zeit das gänzliche Aussterben dieser kostbaren Produkte befürchten, wenn nicht rationellere Methoden der Ausbeutung eingeführt werden.

b. Industrie.

Die Großindustrie ist in Ecuador nur durch einige in der Nähe von Guayaquil befindliche Zuckerraffinerien und Chocoladefabriken vertreten.

Ein Versuch in der Nähe von Quito Textiletablissements zu gründen mißlang, da den Unternehmern nicht nur technische sondern überhaupt alle kaufmännischen Kenntnisse fehlten.

Das Handwerk befindet sich ebenfalls noch im Stadium der Kindheit. Gewerbsverbindungen unter den Handwerkern gibt es nicht, ist doch bei manchen und theilweise gerade den wichtigsten Handwerken kaum die Gliederung in Lehrling, Geselle und Meister zum Ausdruck gebracht. Die Leistungen sind dementsprechend sehr bescheidener Natur.

Fremde Handwerker helfen den Mißständen immer nur momentan ab, denn die Verhältnisse des Landes sind nicht derart, daß sie den einzelnen Einwanderer bewegen könnten, seinen Wohnsitz dauernd daselbst zu nehmen; er bleibt deshalb nur so lange, bis er sich genügendes Vermögen erworben hat, um in den Vereinigten Staaten oder in Europa ein größeres Geschäft zu gründen. Die Ausbildung der Eingeborenen durch solche fremde Meister verbietet sich aus inneren Gründen. Zunächst ist es nicht der Endzweck des fremden Handwerkers seine Gehülfen auszubilden, er benutzt sie nur zu den einzelnen mehr mechanischen Verrichtungen und deßhalb gewinnen sie nie einen Ueberblick über das Gesammtwesen des Geschäfts, außerdem läßt sich ein Handwerk auch nicht vollständig in einer Werkstätte erlernen. Das Handwerk selbst besteht aus einer Reihe von Manipulationen, die jeder mit größerer oder geringerer Kunstfertigkeit verrichtet; die Ausbildung des Arbeiters geschieht dann dadurch, daß er mit möglichst vielen Geschäftsgenossen zusammenarbeitet, und sich hierdurch die Fertigkeiten eines jeden derselben anzueignen sucht. Deshalb forderten unsere Zünfte früher, daß der Geselle mindestens eine gewisse Reihe von Jahren in der Fremde zugebracht habe, bevor sie ihn überhaupt zum Meisterstück zuließen.

Ein Wechsel zu weiterer Ausbildung ist dem Arbeiter in Ecuador natürlich nicht möglich, im Gegentheil sabald der fremde Meister das Land verläßt, wird der eingeborene Gehülfe die Gelegenheit verlieren, seine bereits erworbenen Fertigkeiten zu üben, denn zu selbstständigem Geschäftsbetrieb fehlt ihm das Capital, und bei dem eingeborenen Meister kann er nur in der jenem bekannten Weise arbeiten.

c. Montanindustrie.

Der Reichthum an Edelmetallen war bekanntlich in Peru, von dem das heutige Ecuador zur Zeit der spanischen Invasion ein Bestandtheil war, enorm.

Durch das von den Spaniern angewandte System des Raubbaues aber wurden die Bergwerke so ruinirt, daß nach dem Urtheil einer in den dreißiger Jahren berufenen Commission von Freiburger Ingenieuren die Restaurationsarbeiten ein größeres Capital verschlingen würden, als sich durch die muthmaßliche Ausbeute verinteressiren ließe. Jetzt führen nur noch einige Flüsse wie der Napo Goldstaub. Eisen fehlt ganz. Quecksilber ist in geringen Quantäten vorhanden, Kupfer etwas häufiger. Es bezieht sich dies alles natürlich nur auf den Westabhang der Cordilleren oder auf die Hochebene, der Ostabhang ist noch nicht erforscht.

d. Communicationen.

Die Communicationsmittel sind noch im ursprünglichsten Zustand. Das schiffbare Gebiet des Amazonas ist unbewohnt, im Gebirge sind die Flüsse nicht schiffbar, und das Flachland ist zu schmal, als daß jene daselbst eine bedeutende Entwickelung erreichen könnten. Die Schifffahrt beschränkt sich deshalb auf die Vermittelung des Verkehrs zwischen einigen Küstenorten und einigen Binnenorten des Guayas. Die Plätze im Innern des Landes sind nur durch Saumpfade verbunden, die einzige zum Fuhrwerksverkehr angelegte Straße von Quito bis Alausi ist nur noch von Quito bis Ambato auf einer Strecke von 300 Kilometer fahrbar, der übrige Theil ist vielfach wieder zerfallen.

e. Handel.

Der Großhandel ist fast ausschließlich in den Händen von Ausländern; gibt es auch mehrere bedeutende einheimische Firmen für Export und Import, so ist doch die Leitung des Geschäftes Ausländern übertragen. Des Detailhandels hat sich mehr die einheimische Bevölkerung bemächtigt. Statistisches Material über den jährlichen Umsatz gibt es nicht, da die Angaben der Zollverwaltung sehr unzuverlässig sind. Die hohen Zölle auf der einen und die mangelhafte und schwierige Bewachung der Küste auf der anderen Seite haben den Schmuggel zur hohen Blüthe gebracht, so daß der nach offiziellen Angaben zwischen 20 und 25 Millionen Dollars schwankende jährliche Umsatz leicht ein Viertel mehr betragen dürfte.

f. Bevölkerungsbewegung.

Mehr noch entziehen sich die Angaben über die Bevölkerungsbewegung der Beurtheilung. Die gewöhnlich auf 80,000 Menschen bezifferte Einwohnerzahl Quitos dürfte nicht wohl mehr als 35000 bis 40000 Seelen betragen. Ebenso ist die Angabe von 1 1/2 Millionen als Bevölkerungsziffer der ganzen Republik jedenfalls zu hoch gegriffen.

Läßt sich auch eine Zunahme der Bevölkerung nicht statistisch nachweisen, so mußte doch die Anzahl der Geburten die der Sterbefälle übersteigen, wenn man berücksichtigt, daß die Frauen Ecuadors sehr fruchtbar, das mittlere Lebensalter ein ziemlich hohes und außergewöhnliche Todesursachen nicht allzu häufig sind. Absorbirt wird freilich ein großer Theil dieser Zunahme durch Wegziehen von Farbigen aus dem Innern nach der Küste und Auswanderung von hier nach den weiter entwickelten Nachbarrepubliken Peru, Chile und Columbia.

g. Politische Verhältnisse.

a. Verfassung.

Die Regierungsform ist nominell republikanisch, thatsächlich charakterisirt sie sich als eine Oligarchie, die wiederum in jedem concreten Falle in crassen Absolutismus des jeweiligen Präsidenten ausartet.

Die Constitution beschränkt zwar die Gewalt des Präsidenten durch einen Congreß, dem das Recht zusteht über Krieg und Frieden zu beschließen, Zölle und Steuern zu bewilligen, die Initiative zur Einbringung von Gesetzesentwürfen zu ergreifen, allein es wagt kein Deputirter in nachdrücklicher Weise in Opposition zur Regierung zu treten, es sei denn, er wolle hierdurch eine Revolution einleiten. Das Wahlrecht ist ein allgemeines direktes, und die Abstimmung ist geheim, allein was nützt eine solche freisinnige Institution einem Volke, dem das Verständniß hierfür abgeht.

Die Regierung gestattet niemals gegen sie gerichtete Kundgebungen, um so weniger ermöglicht sie der Opposition zu Zeiten der Wahl sich über zu ergreifende Maßregeln zu verständigen. Endlich bietet das Scrutinium der herrschenden Partei noch genügsam Gelegenheit der Majorität nach Belieben zu gestalten. Unter solchen Umständen ist der ganze constitutionelle Apparat nicht mehr als eine lächerliche Farce, und für Südamerika wäre eine absolute Monarchie jedenfalls angepaßter, als diese Art von Republik, denn jene böte wenigstens den Vortheil einer ruhigen gesetzmäßigen Entwickelung.

In Ecuador galt früher ausschließlich das spanische Gesetz. In den letzten Decennien wurden durch Garcia Moreno, der überhaupt große Vorliebe für französische Einrichtungen zeigte, viele französische Rechtsbestimmungen aufgenommen.

Die Einkünfte der Regierung bestehen hauptsächlich in den Erträgnissen der sehr hohen Finanzzölle, denn Stempel- und sonstige Gebühren führen der Staatskasse nur sehr wenig zu. An einem Deficit, diesem Schrecken europäischer Finanzminister, leidet das ecuadorianische Budget nie, denn da der Staat nicht im Stande ist, die in den Unabhängigkeitskriegen contrahirte etwa 76 Millionen Franken betragende Schuld auch nur zu verzinsen, so hat er auf dem internationalen Markte keinen Credit mehr, und das Verausgaben verbietet sich von selbst, wenn der Baarvorrath der Staatskasse erschöpft ist.

b. Verwaltung.

An der Spitze der Verwaltung steht der Präsident mit zwei Ministern, deren Einfluß auf den Gang der Staatsgeschäfte jedoch ein kaum nennenswerther ist. Größerer Selbstständigkeit erfreuen sich noch die Gouverneure als Vertreter des Präsidenten in den einzelnen Provinzen.

Zur Uebernahme von Staatsämtern qualificirt man sich nicht durch Absolvirung eines gewissen Studienganges, sondern nur durch die Art der persönlichen Beziehungen zum Präsidenten.

Ein absolutes Regime kann sich eben nur auf Persönlichkeiten stützen, und deßhalb muß jeder Präsident suchen alle irgendwie einflußreichen Posten durch ihm persönlich ergebene Beamte zu besetzen, und deshalb bedeutet gewöhnlich ein Präsidentenwechsel einen durchgreifenden Wechsel des gesammten Beamtenpersonals.

Die communale Verwaltung ist ganz von der Regierung abhängig; die Bürgermeister werden von der Regierung ernannt, und können zu jeder Zeit wieder ihrer Functionen enthoben werden. Wie es unter diesen Verhältnissen mit der Unabhängigkeit des Beamten oder Richterstandes aussieht, läßt sich leicht errathen. Eine der Regierung mißliebige richterliche Entscheidung zieht mindestens Entsetzung des Richters und Cassation des Urtheils nach sich.

c. Parteien.

Der Parteibildung in Ecuador liegen nicht gewisse Principien zu Grunde vermittelst deren Festhaltung man als Ausgangspunkt eines idealen Strebens die Hebung des allgemeinen Wohles zu realisiren hofft, sondern man schließt sich nur aus persönlichen Rücksichten der einen oder andern Partei an. Die Ziele aller Parteien sind deshalb auch in ihrem letzten Endzweck die Verfolgung von Sonderinteressen ohne Rücksicht auf das allgemeine Wohl des Staates.

Die unaufhörlichen Revolutionen sind hiernach weder politischer noch socialer Natur, sie sind eine bloße Consequenz der politischen Verhältnisse des Landes. Unfähig auf Grund eines bestimmten Parteiprogrammes für die Ausbreitung ihrer Ideen zu wirken, sucht die unterdrückte Partei nur, durch Sturz des bestehenden Regims sich in den Besitz der Gewalt zu setzen. Ein derartiges Streben verträgt aber die Oeffentlichkeit nicht, auch wenn das politische Leben ein freieres wäre, und wir sehen deshalb das im Geheimen durchwühlte Land stets im Begriffe, die gegenwärtige Regierung zu stürzen, sobald dieselbe Gelegenheit zur Realisirung eines derartigen Zieles gibt.

Der weiße Proletarier ist immer bereit, sich bei den Revolutionen zu betheiligen, denn bei günstigem Ausgange wird seine Parteinahme durch Ueberweisung confiscirter Güter belohnt, während er bei ungünstigem Verlaufe keine materiellen Verluste erleiden kann, und in den meisten Fällen Gelegenheit findet, sein Leben zu salviren.

Die farbige Bevölkerung ist politisch ganz unreif, die Vorgänge im öffentlichen Leben lassen sie ganz unberührt, und sie betheiligt sich bei Revolutionen nur insofern, als sie von beiden rivalisirenden Parteien in die Soldatenjacke gepreßt wird, um als Kanonenfutter Verwendung zu finden.

d. Militärische Bedeutung.

Die militärische Macht eines Landes ist stets das Resultat seiner volkswirthschaftlichen Kraft. Bei der mangelhaften Entwickelung und der Zerfahrenheit aller Verhältnisse kann deshalb auch von einer militärischen Bedeutung Ecuadors nicht die Rede sein. Man verfügt zwar über eine stehende Truppe von etwa 1800 Mann, die in 4 Bataillone Infanterie, 2 Reiterabtheilungen und 2 Batterien formirt sind, und es kann diese Truppenzahl im Kriegsfalle durch Heranziehung einer Art Landwehr auf die vier- bis sechsfache Zahl verstärkt werden, allein es mangelt dieser Gesellschaft so sehr jeder soldatische Geist, jede technische Fertigkeit und den Führern jede Spur von militärischem Wissen, daß die ganze Armee gegen auswärtige Feinde überhaupt nicht verwendet werden kann.

Es ist auch kaum anzunehmen, daß der allen Besitzes entblößte, jeden Genusses ungewohnte Proletarier, für den ideale Güter ein völlig unfaßbarer Begriff sind, bewogen werden könne, sein materielles Dasein, sein einziges unveräußerliches Gut, im Interesse anderer zu exponiren. Er läßt sich zwar zum Soldaten pressen, weil ihm die physische Kraft mangelt, sich dagegen zu wehren, allein der Sieg seiner Partei ist ihm ganz gleichgültig, sofern er nur seine Persönlichkeit in Sicherheit bringt.

Die Bewaffnung ist eine vorzügliche, da Garcia Moreno das französische Chassepotgewehr einführte; die Bekleidung ist gut, mit Ausnahme der Fußbekleidung, die sich die Soldaten selbst zu stellen haben.

Das Ersatzgeschäft ist höchst einfacher Natur. Benöthigt ein Truppentheil der Ergänzung, was bei den häufigen Desertionen nicht selten der Fall ist, so rekrutirt eine Streifpatrouille jeden ihr tauglich scheinenden Indianer, dessen sie habhaft werden kann.

Vermag sich derselbe durch Erlegung von 12 Franken loszukaufen, so wird er wieder auf freien Fuß gesetzt, andernfalls wird er die Uniform zeitlebens nicht mehr los, denn Entlassung gibt es nicht. Der Sold des Soldaten beträgt 20 Franken pro Monat, wofür er sich Nahrung und Schuhwerk zu stellen hat.

Ist nun diese reguläre Truppe ihrem Zweck nur wenig entsprechend, so ist die von Garcia Moreno organisirte Landwehr eine geradezu lächerliche Institution. Zu dieser Landwehr gehört jeder Ecuadorianer, der nicht im stehenden Heere dient. Gesetzliche Bestimmungen über diese Wehrpflicht sind unnöthig, denn die besseren Klassen kommen ihr überhaupt nicht nach, und mit den unteren Volksklassen wird wenig Federlesens gemacht. In den Städten und größeren Dorfschaften, wo es Regierungsorgane gibt, preßt man jeden zu den Uebungen der Milizen, der irgendwie tauglich erscheint, auf dem platten Lande aber, wo jene fehlen, kehrt sich Niemand an die Verfügungen der Regierung.

Von irgend welchem praktischen Nutzen für das Land ist diese Institution selbstverständlich nicht. Die drei- bis vierstündigen Nachmittagsübungen an Sonn- und Feiertagen vermögen den gänzlich ungeschulten Leuten eine solche Vertrautheit mit den Waffen nicht zu geben, daß sie im Falle zu verwenden wären, zieht man sie aber zu Revolutionen heran, so werden diese Uebel nur um so schädlicher für das Land, weil hierdurch größere Volksmassen in den Kampf verwickelt werden.

III. Die Colonie.

a. Gründung derselben.

Die Anlage der Colonie wird unter Zugrundlegung wesentlich anderer Principien erfolgen, als dies bei Unternehmungen ähnlicher Art bisher der Fall war.

Man war nicht selten in den verhängnißvollen Irrthum verfallen, Länder von ganz unvollkommener, oder gar nicht entwickelter Cultur, für ebenso befähigt zu halten, große Capitalien aufzunehmen, als die hochcivilisirten Staaten Europas.

Indem man nun bedeutende Capitalien in Ländern von so ursprünglichen Verhältnissen placirte, konnte nur ein geringer Theil zu eigentlicher Fructification gelangen, die Erträgnisse des productiven Theiles wurden sehr herabgedrückt durch die Belastung mit der großen unproduktiven Masse, und das Unternehmen erwies sich bald als unrentabel, sein Credit wurde hierdurch geschädigt, und als die Verhältnisse sich soweit entwickelt hatten, daß sie eine Heranziehung größerer Fonds gestattet hätten, fehlte es gewöhnlich an Mitteln, um eine Erweiterung des Unternehmens zu bewirken. Um derartiges zu vermeiden, wird man nur so viel Capital engagiren, als die Colonie fähig ist, aufzunehmen.

Die ganze Aufgabe der Gesellschaft die Concentration und Organisation der Auswanderung in Ecuador zu bewirken, theilt sich dann zwischen ihren beiden Factoren derart, daß die Colonialleitung Ecuador zur Aufnahme von Colonisten und Capitalien vorbereitet, während in Deutschland ein Verein sich zu constituiren hat, welcher der Colonie Emigranten zuleitet und Capital zu deren Transferirung beschafft.

Esmeraldas, die zur Anlage der Colonie bestimmte Provinz Ecuadors ist mit Ausnahme weniger Punkte vollständiges Urland, das nächste Streben muß deshalb dahin gerichtet sein, einen Stützpunkt zu erwerben, von welchem aus, die zur Gründung der Colonie nöthigen Vorarbeiten betrieben werden können. Zu diesem Zwecke wird man in der Nähe des Hafenplatzes Esmeraldas eine Hacienda erwerben, welche außerdem noch der Colonie als Vermittler ihres Verkehrs mit Deutschland dient und deren tropische Produkte durch Export nach dem Mutterlande der Gesellschaft dortselbst die für interne Colonialzwecke nöthig werdenden Mittel disponibel machen. Damit die Hacienda all diesen Zwecken entspreche, muß sie hinsichtlich ihrer Lage die leichte Herstellung einer Verbindung mit dem Hafen, sowie mit der im Innern gelegenen Colonie gestatten. Eine Ausdehnung an den Esmeraldasfluß wäre am wünschenswerthesten, weil hierdurch nach beiden Seiten Wassertransport mindestens bis an den Fuß der Cordilleren ermöglicht wäre.

Bezüglich der Ausdehnung und sonstigen Beschaffenheit wäre zu berücksichtigen, daß die Produktion von Nahrungsmitteln, Reis, Mais, Fleisch ꝛc. außer den zur Bewirthschaftung der Hacienda nothwendigen Arbeitern, die Unterhaltung einer Anzahl von mindestens 25 Personen, welche bei der Vorbereitung der Colonialterrains zur Aufnahme von Colonisten verwendet werden, gestattete.

Der Preis einer derartigen Besitzung wird die Höhe von 10,000 Pesos à 4 Frcs = 40,000 Frcs. jedenfalls nicht erreichen.

Nach erfolgter Constitution der Gesellschaft in Deutschland wird der Colonialdirektor sich nach Ecuador begeben, um nach Uebernahme der Hacienda die Unterhandlungen mit der Regierung von Ecuador abzuschließen, und das zur Colonie bestimmte Terrain urbar machen zu lassen.

Man wird zu derartigen Pionirarbeiten nur Eingeborne

verwenden, da europäische Arbeiter nicht nur einen bedeutend größeren Kostenaufwand zu ihrer Unterhaltung verursachen, sondern auch in großer Zahl den ungewohnten Strapazen erliegen würden.

Nachdem so der Boden zur Cultur vorbereitet und entsprechende Wohnungen wenigstens in Dach und Fach hergestellt sind, die innere Einrichtung wird besser durch Europäer besorgt, kann mit der Ansiedelung von 3 bis 5 Familien, welche bereits während eines mehrmonatlichen Aufenthaltes auf der Hacienda Gelegenheit hatten, sich in die Verhältnisse des Landes zu gewöhnen, vorgegangen werden.

Sobald die Produktionskraft der Colonie festgestellt ist, wird die Arbeitercolonne der Eingeborenen entsprechend vermehrt und in zwei Sectionen geschieden, wovon die eine die Urbarmachung von Land fortsetzt, währenddem die andere den Bau einer Straßenverbindung zwischen der Colonie und der Hacienda beginnt.

In dieser Weise kann mit Veranlagung ganz geringer Capitalien die Transferirung von deutschen Familien bewirkt und die Colonie zur Aufnahme immer größerer Emigrantenmassen vorbereitet werden. Die von derselben aufzubringenden Zinsenlast ist dann ebenfalls gering und können die Mittel in der bereits erwähnten Weise des Exports von Colonialwaaren nach Deutschland disponibel gemacht werden. Die prompte Erfüllung übernommener Verpflichtungen steigert selbstverständlich den Credit des Unternehmens und die Größe der ihr zur Fruktificirung anvertrauten Capitalien wird von Jahr zu Jahr wachsen, so daß, nachdem es sich das Zutrauen der Bevölkerung erworben hat, die Fonds gesammelt sein werden, welche es zur Lösung seiner Aufgabe benöthigt.

b. Staatsrechtliche Stellung.

A. Die Wahl der schwach bevölkerten Provinz Esneraldos (sie hat außer einigen Küstenplätzen mit zuj. 8—10 000 Seelen keine Bevölkerung) zur Anlage der Colonie trägt wesentlich bei zur leichtern Lösung der unter anderen Verhältnissen schwierigen Frage.

Kann auch das Verhältniß der Colonie zur Regierung von Ecuador zur Zeit nicht durch scharf begrenzte Formeln ausgedrückt werden, da diesbezügliche Unterhandlungen erst durch persönlichen Verkehr des Colonialdirektors mit der Regierung von Ecuador abgeschlossen werden können, so können doch die allgemeinen Gesichtspunkte festgestellt werden, von den sich die Gesellschaft wird leiten lassen.

Man wird zwar die volle Souveränität der Regierung von Ecuador über das Colonialterrain anerkennen, dagegen wird man Garantien dafür verlangen, daß die autonome Verwaltung derselben gesichert sei.

Ferner muß die Colonie berechtigt sein, ihre Handelsbeziehungen zu Deutschland selbstständig zu regeln. Sollte die Regierung von Ecuador oder Deutschland nicht wünschen, daß ein eventueller Handelsvertrag auf das ganze Gebiet der Republik ausgedehnt werde, so muß das Colonialgebiet von dem übrigen Ecuador durch Zollgrenzen geschieden werden.

Ob die Ausübung bürgerlicher Rechte für die Colonisten sogleich gefordert wird, das wird von der Art der Zugeständnisse abhängen, durch welche man die Autonomie der Colonie garantirt, jedenfalls darf der Verzicht weder über einen bestimmten Zeitraum hinaus ausgedehnt, noch die Gleichberechtigung von gewissen Bedingungen der Nationalität, Farbe oder Confession, abhängig gemacht werden.

In allen äußeren Fragen erscheint die Colonie als ein Theil von Ecuador und wird von ihm vertreten.

B. Das Verhältniß zu Deutschland ergibt sich aus der Natur des ganzen Unternehmens. Durch Erhaltung der deutschen Sprache sowohl als besonders durch den von der Gesellschaft vermittelten engen Handelsverkehr wird sich unter den Colonisten ein lebhaftes Gefühl der Verwandtschaft mit Deutschland erhalten; mit dem Wachsen der Colonie wird sich selbstverständlich ihr Einfluß in der Leitung der Republik mehren und jenes Gefühl wird sich allmählig auf die ganze Bevölkerung ausdehnen, so daß auch die politische Verbindung der Republik mit Deutschland von Jahr zu Jahr an Intimität gewinnt.

Daß Deutschland die Respectirung des Colonialbesitzes nöthigenfalls erzwingen könnte, ist selbstverständlich, denn die Gesellschaft wird mindestens für die Dauer von etwa 2 Jahrzehnten Besitzerin des gesammten Grundeigenthums der Colonie sein, und da jene in Deutschland domizilirt ist, so ist die Reichsregierung im Stande, die Interessen ihrer Staatsangehörigen zu vertreten, ohne daß das eine Einmischung in die inneren Angelegenheiten fremder Staaten involvirte.

c. Innere Organisation.

Analog dem Herauswachsen des ganzen Colonisationsunternehmens aus kleinen Anfängen hat der Verwaltungsorganismus sich nach Maßgabe der Bedürfnisse in der Entwickelung des Ganzen herauszubilden. Für die ersten Jahre minimaler Anfänge ist ein constitutioneller Apparat in der Verwaltung der Colonie nicht gut denkbar, bei der materiellen Abhängigkeit eines großen Theiles der Colonisten von der Colonialverwaltung würde eine derartige Einrichtung auch ihren praktischen Werth verlieren.

Sämmtliche Machtbefugnisse müssen in der Person des Colonialdirektors centralisirt sein, dem als Direktive bei ihrer Ausübung eine von der Gesellschaft in Deutschland ausgearbeitete Constitution gegeben wird.

Die Berechtigung der Controle seiner Thätigkeit muß selbstverständlich ebenfalls der Emigrationsgesellschaft resp. deren Funktionären zustehen und können etwaige Reclamationen der Colonisten an sie gerichtet werden.

In der Constitution können bereits die Bedingungen festgestellt werden, unter welchen die entstehenden Gemeinwesen zu communaler und in der Folge der Entwicklung zu provinzialer Autonomie berechtigt werden können.

Die Schaffung eines Beamtenstandes so lange hinaus zu=
schieben, bis die Erträgnisse der Colonie seine vollständige
Unterhaltung gestattete, dürfte für die Entwicklung des Gan=
zen wenig förderlich sein, räthlicher dürfte es sein, durch eine
der europäischen ähnliche Gliederung der Verwaltungsbranchen
die einzelnen Beamten derart zu entlasten, daß sie die Be=
wirthschaftung ihnen überwiesener Güter leiten könnten.

Bei der Uebersetzung aller eine academische Bildung er=
heischenden Fächer in Deutschland dürfte es kaum unter den
Immigranten an den geeigneten Persönlichkeiten fehlen.

Ein auf diese Weise ermöglichtes rasches Wachsthum des
gebildeten Elementes in der Colonialbevölkerung würde natür=
lich dieselbe in kurzer Zeit befähigen, in constitutioneller Weise
bei der Verwaltung mitzuwirken.

b. Es ist leicht begreiflich, daß die so einschneidende Frage
des Verhältnisses der verschiedenen Religionsgesellschaften unter
einander, sowohl als zu der Colonialverwaltung nicht unberührt
bleiben kann und daß ferner so schwierig dies auch scheinen
möge diese letztere einen Standpunkt einzunehmen haben wird,
der als ein gemeinsamer, sowohl alle Mitglieder der Emigra=
tionsgesellschaft als auch der Colonisten selbst betrachtet werden
kann.

Ein Engagement für eine besondere Religionsgesellschaft
muß hiernach ausgeschlossen sein. Dagegen kann hieraus nicht
gefolgert werden, daß die Colonialverwaltung den Religions=
begriff im Allgemeinen gegenüber sich indifferent oder gar ne=
girend verhalten muß, im Gegentheil wird es in ihrem In=
teresse liegen durch Verbreitung wahrer Religiosität einestheils
die Begriffe der Bevölkerung zu veredeln und anderntheils
ihrer Autorität eine breitere Basis zu geben.

Praktisch vermag die Colonialverwaltung ihr Wohlwollen
dadurch zu documentiren, daß sie die Domizilirung von Mis=
sionären in jeder Hinsicht begünstigt; allerdings muß sie zu
vermeiden suchen, die Parität in irgend einer Weise zu ver=
letzen, denn hierdurch werden confessionelle Gegensätze wachge=

rufen, und Spaltungen bewirkt, welche die Entwicklung des Unternehmens in einer höchstnachtheiligen Weise beeinflussen müßten.

Indem man jeder Confession, vorausgesetzt, daß ihre Principien nicht gegen die allgemeinen Grundsätze christlicher Moral verstoßen, vollständigste Freiheit der Bewegung innerhalb ihrer Grenzen gestattet, wird jede derselben die Gerechtigkeit der Institution anerkennen und nach Möglichkeit zu der Festigung beitragen.

c. Im engen Zusammenhange mit dieser Frage steht die Frage des Unterrichts. Die Verschmelzung der verschiedenen Elemente der Colonie zu einem einheitlichen Ganzen läßt sich nur erreichen durch Verbreitung einer gemeinsamen Bildung; es ergibt sich also die Nothwendigkeit mit der Anlage von Ortschaften, gleichzeitig die Gründung von Schulen vorzunehmen,

Wer nun diese Gründung veranlaßt, und Unterricht ertheilt, das kann der Colonialverwaltung im Allgemeinen gleichgültig sein; die Oberaufsicht muß ihr freilich zustehen; sie muß darauf achten, daß die Schule den Minimalforderungen entspricht, sich überzeugen, daß die Lehrkräfte ihrer Aufgabe gewachsen sind und nöthigenfalls eine confessionelle Minorität gegen eventuelle Bedrückung der Majorität schützen, obwohl diese letztere Eventualität kaum eintreten dürfte, denn da der Immigrant ungehindert in der Wahl seines Dominizils ist, kann er sich, soweit ihm an der Bewahrung seiner Confession gelegen ist, da niederlassen, wo seine Glaubensgenossen die Majorität bilden.

Die Gründung höherer Lehranstalten wäre jedenfalls nicht Aufgabe der nächsten Zeit, denn derartige Institutionen vermögen dann erst fruchtbringend für ein Land zu sein, wenn dasselbe die Zöglinge dieser Anstalt zu beschäftigen vermag, andernfalls stehen die gebrachten Opfer in keinem Verhältnisse zu den Vortheilen. Söhnen von Colonisten, die außergewöhnliche Anlage errathen könnten, falls die Mittel der Eltern nicht ausreichen, vermittelst Subvention der Colonialverwaltung ein mehrjähriger Aufenthalt in Deutschland zum Zwecke höherer Ausbildung ermöglicht werden.

d. Volkswirthschaftliche Principien.

Für die Lebensfähigkeit eines Staatswesens ist stets der sittliche Gehalt seiner Bevölkerung ein sicherer Maßstab. Mag auch ein corrumpirtes Volk noch den ererbten Schein früherer Macht besitzen, seine innere Wiederstandsfähigkeit ist gebrochen und der Staatsorganismus wird beim ersten Anprall zerschellen.

Moralische Verderbtheit ist aber häufig die Consequenz materiellen Rückganges, denn Armuth ist stets der mächtigste Hebel der Corruption. Um also den inneren Organismus der Colonie zu kräftigen, wird es Aufgabe der Verwaltung sein, durch Befolgung gesunder wirthschaftlicher Grundsätze die materielle Lage der Colonisten zu einer möglichst günstigen zu machen.

Die reichen natürlichen Hülfsquellen Ecuadors tragen die Bürgschaft, daß bei geordneter gesetzmäßiger Verwaltung und rationeller Ausbeutung der wirthschaftliche Aufschwung des Landes ein derartiger ist, daß so allgemeine Armuth wie sie eben herrscht, zur Unmöglichkeit wird.

a. Landwirthschaft. Unter normalen Verhältnissen ist Grundbesitz die Wurzel und Basis jedes weiteren Besitzes.

Ist nun dies schon ein wichtiger Beweggrund, die Zukunft der Colonie auf Landwirthschaft zu basiren, so weist die ganze Bodenbeschaffenheit Ecuadors, die Milde des Climas, die günstigen hydrographischen Verhältnisse noch entschiedner darauf hin, dem Ackerbau die größte Aufmerksamkeit zu schenken.

Welche Produkte an den verschiedenen Punkten, die zum Anbau geeignetsten sind, das wird immer von den speciellen klimatischen und Bodenverhältnissen abhängen, doch werden dem gemäßigteren Clima des Hochgebirges entsprechend in den Cordilleren vorwiegend die Produkte Mitteleuropas zum Anbau gelangen, während die Küste vorzugsweise die zum Export geeigneten Colonialprodukte hervorbringen wird. Ob alle deutsche Bodenerzeugnisse sich in Ecuador akklimatisiren lassen werden, kann natürlich blos die Erfahrung lehren, allein ein Zweifel ist nicht gerechtfertigt, da bisher noch nicht ein einziger derartiger Versuch fehlgeschlagen ist. Bezüglich Weizen, Kartoffel, Klee, Weintrauben, Kirschen, Pfirsichen, Nüssen, verschiedne Aepfelsorten steht die Möglichkeit des Anbaues theilweise seit längerer Zeit fest, theilweise haben Versuche der letzten Jahre sie ergeben. Während bis zu einer Höhe von 12,000 Fuß noch Ackerbau möglich ist, gestattet der Graswuchs in Höhen von 12—15,000 Fuß immer noch den Betrieb von Viehzucht, so daß eigentlich steril nur die höchsten Spitzen der Berge sind.

Das Produktionsverhältniß der Erzeugnisse der gemäßigten zu jenen der tropischen Landstriche ergibt sich unter Berücksichtigung der Thatsachen, daß das unserem Frühling ungefähr entsprechende Clima der Hochebene dem Deutschen weit zuträglicher ist, als die wärmere Temparatur der Küste, und ferner, daß es die nächste Aufgabe der Colonie sein muß, das Land zur Aufnahme größerer Immigrantenmassen zu befähigen. Die tropischen Produkte sind demnach eine Funktion der Erzeugnisse der Hochebene d. h. sie werden in solcher Masse producirt, daß außer dem Bedarf der Colonie, das Exportbedürfniß, das von der Ausdehnung des colonisirten Terrains abhängig ist, gedeckt wird.

b. Kann auch der Industrie einer Ackerbaucolonie nur secundäre Berechtigung zugestanden werden, so dürfen doch einzelne Zweige derselben nicht ganz vernachlässigt werden, weil eben ihre Existenz mit der Blüthe der Landwirthschaft in einen gewissen Causalnexus steht, nur muß erstere sich nach den Bedürfnissen des letzteren entwickeln.

Der Export bedeutender Massen von Rohprodukten fördert nur wenig die Hebung des nationalen Wohlstandes und es ist diese Erscheinung immer ein Zeichen geringer Entwicklung.

Durch die Bearbeitung verliert das Rohprodukt bedeutend, bei Häuten z. B. das drei- und vierfache seines Volumens und Gewichtes. Der Transport der Rohprodukte ist deßhalb jedenfalls theurer, und um die Differenz der Transportkosten zwischen Rohprodukt und Rohmaterial muß sich der Verdienst des Producenten reduciren, denn der Käufer bezahlt natürlich nur das, was er verwendet. Außerdem verzichtet das Land durch Export auf den rentabelsten Theil der Arbeit, denn bei der Produktion von Bodenerzeugnissen ist das Risiko in Folge des unmittelbaren und unberechenbaren Einflusses elementarer Gewalt bedeutend größer als bei der Verwandlung von Rohprodukt in Rohmaterial.

Viele Erzeugnisse des Innern Ecuadors, so besonders sämmtliche Viehzuchtprodukte können als Rohprodukte gar nicht ausgeführt werden, da bei den absoluten Mangel geeigneter Verkehrsmittel die Transportkosten sich zu einer Höhe steigern, daß sie zu den realen Werth der Waare in keinem Verhältnisse mehr stehen.

Aufgabe der mit den Verhältnissen des ganzen Unternehmens conform sich entwickelnden colonialen Großindustrie wird es sein, die Rohprodukte des Ackerbaues und der Viehzucht zu Rohmaterial zu verarbeiten um dieses, soweit es den inländischen Bedarf übersteigt exportfähig zu machen.

Da das Handwerk zunächst nur berufen sein wird, locale Bedürfnisse zu befriedigen, so wird eine passende Verbindung desselben mit Landwirthschaft keine Schwierigkeit bieten.

c. Der Kleinhandel wird sich ohne äußere Beeinflussung sofort dem Bedürfniß entsprechend entwickeln, der Großhandel dagegen, der den Umtausch der Colonialprodukte gegen Erzeugnisse des Mutterlandes bewirkt, hat aus der Initiative der Colonialverwaltung hervorzugehen, und muß mindestens während eines gewissen Zeitraumes der Leitung und Beeinflussung derselben unterstehen.

Ein Waarenaustausch zwischen der Colonie und Deutschland ist schon in den ersten Jahren ihres Bestehens unbedingt nothwendig, denn die Colonie bedarf gewisser Industrieprodukte, und da ihr Mineralreichthum nicht zur Verfügung steht, so muß sie zur Deckung ihrer Verbindlichkeiten einen Theil ihrer Produkte ausführen. Der allgemeinen Handelsbeziehungen Ecuadors könnte man sich nur mit bedeutenden Verlust bedienen, denn nicht nur wäre eine Reihe von Zwischenhändlern nothwendig, welche den Import vertheuern und den Export herabdrücken, man würde auch schwer unter den gedrückten Coursen Ecuadors leiden (Wechsel auf Paris oder London variiren gewöhnlich zwischen 120—130.)

Die Etablirung eines deutschen Handlungshauses wäre, abgesehen von der geringen Geneigtheit der Kaufleute vor Consolidirung der Verhältnisse ein größeres privates Capital zu riskiren, bei dem unbedeutenden Umsatz der ersten Jahre sicher unrentabel.

Bei Uebernahme des Handelsverkehrs durch die Colonialverwaltung fallen all' diese Mißstände weg. Letztere ist eine Institution, die ohnedies nicht entbehrt werden kann. Die Zwischenhändler zwischen Producenten und Consumenten reduciren sich auf höchstens drei. Der Gewinn, der den Zwischenhändler zufallen müßte, fällt der Colonialverwaltung zu und trägt deßhalb wieder direkt zur Förderung des Unternehmens bei. Da die Leitung des Handelsverkehrs nur ein Zweig der Colonialverwaltung ist, so kann der Produktenumtausch bewirkt werden, wie gering auch der Umsatz sei. Endlich fordert die Natur des ganzen Unternehmens, daß die Leitung des Handels der Colonialverwaltung unterstehe, bis die Colonie eine gewisse Höhe der Entwicklung erreicht hat. Der Mangel eines größeren disponiblen Capitals kann nur dadurch paralysirt werden, daß eine stark centralisirte Leitung den producirenden Colonisten vor Ausbeutung schützt; die Zunahme seines Wohlstandes bedeutet dann eine Vermehrung des colonialen Wohlstandes, denn der Colonist wird nicht leicht den Boden verlassen, den er dem Urzustand abgerungen hat.

Indem auf diese Weise das in der Colonie producirte Capital mindestens zum größeren Theile in ihr selbst verbleibt, erlangt sie die Mittel, immer größere Massen von Emigranten zu organisiren und das ganze Unternehmen wächst in einer stark geometrischen Progression.

Die im vorherigen angedeutete Entwickelung der Colonie wird unmöglich, wenn die Colonialverwaltung sofort die Leitung der Handelsbeziehungen in private Hände übergehen läßt. Große Concurrenz wäre bei der ganzen Entwicklung der Colonie nicht möglich, der Colonist wäre gezwungen, seine Waare loszuschlagen und bei der geringen Nachfrage gegenüber dem größeren Angebot würde der Preis natürlich ein möglichst tiefer sein. Der Hauptgewinn würde deßhalb keineswegs der Colonie verbleiben, denn der unter Mitwirkung vieler Colonisten sich rasch bereichernde Händler würde die Colonie verlassen und sich in irgend einem hochcivilisirten Staate niederlassen, wo er mittelst seines Besitzes sich reichere Genüsse verschaffen könnte.

Alle Spekulationen auf Bildung eines in der Colonie heimischen Capitals würden sich als verfehlt erweisen, die Entwicklung des Unternehmens würde von der Größe der von außen zugeführten Capitalien abhängig, und da hiermit dem ganzen Unternehmen der Fundamentalgedanke genommen wäre, würde nichts mehr berechtigen von ihm mehr zu erwarten, als die vielen nicht selten gänzlich verfehlten Colonisationsunternehmen in Brasilien und den Laplatastaaten geleistet haben.

e. Organisation der Wehrkraft der Colonie.

Die Grundzüge der äußeren Colonialpolitik sind, soweit von einer solchen überhaupt die Rede sein kann, durch die Verhältnisse gegeben. Das Zugeständniß einer gewissen Autonomie in internen Angelegenheiten, das von Seiten der ecuadorianischen Regierung nicht verweigert werden kann, garantirt der Colonie in genügender Weise die Sicherheit ihrer Entwickelung.

Das Verlangen einer ihrer numerischen Stärke entsprechenden Vertretung im Congreß ist ebenso selbstverständlich als legal, und ein gewisser Einfluß auf die Leitung der Republik kann ihr consequenter Weise nicht verweigert werden. Diesen Einfluß benutzen zu wollen, um Ecuador zu einer aggressiven

Politik gegen die Nachbarrepubliken zu treiben, wäre absurd, denn das Gebiet der ecuadorianischen Republik vermag mehr als 25 Millionen Menschen zu ernähren, und wird von kaum einer Million Menschen bewohnt, es vermag also die deutsche Emigration lange Jahre hiedurch vollständig zu absorbiren. Wichtige, etwa fehlende Produkte, wie Kohlen und Eisen besitzt, Südamerika überhaupt nicht, und die direkte Verbindung mit Europa kann nicht nur vermittelst des Amazonas hergestellt werden, sie wird auch in weniger als 2 Jahrzehnten durch Ausführung des Dariencanalprojektes, für dessen Realisirung der Name Lesseps garantirt, zur Thatsache geworden sein.

Eine allgemeine streng durchgeführte Organisation der colonialen Wehrkraft ist deßhalb jedenfalls auf andere Motive zurück zu führen, als solche, welche die Unabhängigkeit der Nachbarstaaten bedrohen.

Zunächst ist es eine wichtige Aufgabe der Colonialverwaltung alle Bevölkerungselemente zu einem nationalen Ganzen zu vereinigen; nicht leicht fördert aber etwas mehr das Gefühl der Zusammengehörigkeit, als eine gemeinsame Heerespflicht.

Auch aus äußeren Gründen erscheint die Organisation der colonialen Wehrkraft geboten.

Bei der militärischen Bedeutungslosigkeit Ecuadors wäre eine allzugroße Sorglosigkeit der Colonie geradezu eine Versuchung für die Nachbarstaaten, jene an sich zu reißen und auszubeuten.

Allerdings wäre es aus finanziellen Rücksichten mit den Interessen der Colonie unvereinbar zu ausschließlich militärischen Zwecken ein Heer zu unterhalten, es wäre vielmehr Aufgabe der Colonialverwaltung eine eigene Institution zu schaffen, welche dazu diente, dem männlichen Theile der Colonialbevölkerung soweit militärisch auszubilden, daß er nöthigenfalls im Felddienst verwendet werden könnte und welche durch Produktivität die Kosten ihrer Unterhaltung deckte.

Das zwingende Bedürfniß der Colonie bei ihrer Gründung sofort die Anlage von Communicationen zu veranlassen, leitet darauf hin, in welcher Weise die Wehrkraft des Landes produktiv gemacht werden kann.

Die Schwierigkeit der Verpflegung einer größeren Anzahl von Menschen in weniger bewohnten Gegenden, sowie die Art der Arbeit lassen eine gewisse militärische Organisation der Arbeitskräfte wünschenswerth erscheinen und es liegt dann der Gedanke sehr nahe, durch Weiterbildung dieser Organisation die Arbeiterbataillone zum Kriegsdienste verwendbar zu machen.

Kann auch die Ausbildung der Soldaten durch einen ein- bis zweijährigen Dienst in diesen Arbeiterbataillonen noch nicht für abgeschlossen erachtet werden, so werden die Kosten einer weiteren mehrmonatlichen Unterhaltung zum Zwecke der vollständigen Ausbildung in den resp. Waffen nicht derartige sein, daß sie sich aus den Ueberschüssen der Arbeitercolonnen nicht decken ließen.

Dem Gedanken, die concrete Form eines Gesetzes zu geben, wird Aufgabe einer späteren Zeit sein; jedenfalls aber wird ihm die Idee zu Grunde liegen müssen, daß jeder wehrfähige Colonist zur bewaffneten Vertheidigung der Colonie verpflichtet ist, daß er deßhalb behufs seiner militärischen Ausbildung einer ein- bis zweijährigen activen Dienstpflicht Genüge zu leisten hat und daß endlich die ganze Wehrorganisation nicht die Kräfte der Colonie absorbiren darf, sondern daß sie durch eigene Productivität sich zu unterhalten hat.

f. Ansiedelung von Colonisten.

a. Die europäischen Colonisten sind zu unterscheiden in solche, welchen von Seiten der Gesellschaft die Kosten der Ueberfarth vorgeschossen werden müssen, und in solche, welche pekuniärer Unterstützungen nicht bedürfen.

Die ersteren werden, bevor sie an die Gründung eines eigenen Besitzthumes denken können, die durch ihre Immigration verursachten Kosten abzutragen haben.

Es wird sich dann für diese Leute empfehlen, sammt ihrer Familie in ein Dienstverhältniß zu älteren Colonisten zu treten, weil sie hierzu keiner weiteren Vorschüssen bedürfen und weil sie während dieser Dienstzeit Gelegenheit finden, die Verhältnisse des Landes kennen zu lernen, so daß sie bei Uebernahme einer selbstständigen Wirthschaft über einen gewissen Schatz praktischer Erfahrungen verfügen.

Auf eine längere Reihe von Jahren darf sich dieses Abhängigkeitsverhältniß freilich nicht erstrecken; für den Verdienst solcher Immigranten sammt dem ihrer arbeitsfähigen Familienangehörigen muß eine Minimalgrenze gesetzt werden, gelingt es dem Colonisten dann häuslicher Verhältnisse wegen nicht bei einer Abzahlung von 75% seines Reinverdienstes binnen 2 Jahren seine Ueberfahrtskosten zu decken, so hat für den Rest derselben die Colonialverwaltung aufzukommen.

Immigranten, die aus eigenen Mitteln die Ueberfahrtskosten bestreiten, könnte sofort urbar gemachtes Terrain sammt einem gewissen Wirthschaftsinventar auf Ratenzahlung überwiesen werden, falls sie es nicht vorziehen, ebenfalls einige Zeit unter der Leitung erfahrener Colonisten zu arbeiten.

b. Die Ansiedelung von erwachsenen Eingeborenen könnte nur in beschränktem Maße stattfinden, denn nach vollendetem 12. bis 15. Jahre haben die meisten die nöthige Elastizität verloren, um sich in so völlig neue Verhältnisse einzugewöhnen; außerdem ist nach früheren Ausführungen, die Bevölkerung Ecuadors zu einer direkten Verschmelzung mit der Colonialbevölkerung gänzlich ungeeignet.

Die Arbeitercolonnen müssen sich freilich in der ersten Zeit vollständig aus Eingeborenen recrutiren, und erst später, nachdem bereits jüngere Colonisten in demselben ihrer Dienstpflicht genügen, können sie durch Ecuadorianer verstärkt werden, allein diese Arbeiterbataillone treten mit der Colonialbevölkerung ja nur in geringen Verkehr und ihre Aufgabe ist in der ersten Zeit, in welcher der Procentsatz der Ecuadorianer jedenfalls ein starker sein wird, derart, daß die moralischen und intellectuellen Eigenschaften des Einzelnen von geringer Bedeutung sind.

Solche Elemente, welche während ihres Dienstes in den Arbeitercolonnen größere Empfänglichkeit für europäische Civilisation verrathen, könnten dann von den übrigen abgeschieden, und deutschen Colonisten zur Erlernung der Landwirthschaft überwiesen worden, worauf man sie gleichfalls als selbstständige Ackerbauer ansiedeln könnte. Der Rest wäre vielleicht in den Besitzungen des Tieflandes, wohin deutsche Einwanderung direkt nicht geleitet wird, als Arbeiter unter Leitung deutscher Colonisten, zu verwenden.

Im Uebrigen wäre eine unmittelbare Berührung der Colonisten mit der eingeborenen Bevölkerung möglichst zu vermeiden, was bei der gänzlichen Unbewohntheit des, zwischen dem Colonialterrain und dem, im factischen Besitz der Regierung von Ecuador befindlichen Gebiet, sich erstreckenden Landes kaum Schwierigkeiten bieten dürfte.

Eine Verschmelzung deutscher mit ecuadorianischen Elementen setzt nämlich eine vorherige Regeneration der letzteren voraus; in allgemeinerer Weise läßt sich eine solche nur durchführen, wenn die Colonialverwaltung im Besitze aller öffentlichen Gewalten wäre, da sie dies natürlich nicht sein kann, so muß sie sich darauf beschränken, so viele bildungsfähige Elemente aus ihren alten Verbindungen loszulösen und der Colonie einzuverleiben, als diese zu absorbiren vermag.

Es muß also das Bestreben der Colonialverwaltung zunächst dahin gerichtet sein, jährlich eine Anzahl der mehr oder weniger verwahrlosten Kinder halbindianischer Abstammung nach der Colonie überzuführen, um sie hier durch eine gute Erziehung für ihren späteren Bedarf nützliche Glieder der menschlichen Gesellschaft zu werden, vorzubereiten.

Bei dem geringen Verständnisse der niederen Bevölkerung für den engeren Begriff der Familie ist vorauszusetzen, daß der Indianer und Cholo, ohne Schwierigkeiten veranlaßt werden kann, auf seine väterlichen Rechte zu verzichten.

Ein Einschreiten der ecuadorianischen Regierung wäre auch nicht gerade zu befürchten, denn es kann ja nur in ihrem Interesse liegen, wenn die Colonialverwaltung sie um eine Last, und eine solche ist die Kindererziehung doch jedenfalls, erleichtert.

In dem Maße, in welchem der Einfluß der Colonie in der Leitung der Republik wächst, läßt sich auch in den der Colonialverwaltung nicht unterstellten Provinzen eine Regeneration anbahnen durch Uebertragung der Verwaltung an tüchtige in der Colonie gebildete Beamte, durch allgemeine Verbreitung elementaren Wissens, überhaupt durch Einführung geordneter gesetzmäßiger Zustände.

Durch Erziehung eines großen Theiles der neuen Generation in der Colonie wird das alte spanisch-amerikanische Element einem allmähligen numerischen Rückgang erfahren, der Erfolg wird den Vorzug der colonialen Institutionen praktisch darthun, und hierdurch erschließt sich die Möglichkeit, solche auf das Gebiet der ganzen Republik auszudehnen und hiermit die Bevölkerung für eine gänzliche Verschmelzung mit jener Colonie geeignet zu machen.

g. Einfluß der Colonie auf die weitere Entwicklung Ecuadors.

Es läßt sich einwenden, die ganze dem Colonisationsprojekte zu Grunde liegende Idee ziele, dahin Ecuador zu germanisiren, das erstere ist zum Theil richtig, des letztere ist unwahrscheinlich und schwer möglich.

a. Der ganze Aufbau der Colonie als staatlicher Begriff kann nur auf freiheitlicher Basis erfolgen.

Die europäischen Staaten mit ihrer vielhundertjährigen Vergangenheit haben privilegirte Stände sich herausbilden sehen, welche ihre in rechtlicher Weise errungene Sonderstellung nicht kampflos aufzugeben gewillt sind. Deßhalb treten dem Princip der bürgerlichen Gleichberechtigung überall gewichtige individuelle Interessen entgegen und gestatten dessen Anerkennung nicht ohne weiteres.

In der Colonie liegen die Verhältnisse ganz anders; eine Vergangenheit gibt es nicht für sie, jeder Colonist, gleichviel welcher Nationalität, Farbe oder Confession, besitzt das gleiche Recht, eine seinen Fähigkeiten und Kenntnissen entsprechende Stellung sich zu erringen. Natürlich bewirkt dann die Verschiedenheit der Veranlagung und Bildung der einzelnen Colonisten, sofort eine Scheidung derselben in verschiedene Kreise; es bildet sich ein Geistesadel, aber dieser ist nur individuell, er ist in unvererblichem Besitz begründet und kann deßhalb auf die Nachkommen nicht übergehen.

Kann es also auch niemals eine absolute Gleichheit geben, so müssen doch alle Institutionen sich basiren auf das Princip der Gleichberechtigung.

Die Anerkennung dieses Prinzips von Seiten der Colonialverwaltung schließt aber einerseits jede Gefahr für die Bevölkerung von Ecuador aus und macht andererseits jeden Kampf der ecuadorianischen Regierung gegen die Colonie erfolglos.

Letztere bedarf insofern einer privilegirten Stellung als ihr gegenüber die in der Verfassung Ecuadors decretirte Gleichberechtigung aller Individuen volle Anerkennung finden muß.

Die Anlage der Colonie ist ferner in gewissem Sinne ein spekulatives Unternehmen und es muß ihr deßhalb gestattet sein, ihr materielles Interesse zu wahren; sie vermag dies, indem man die verfassungsmäßige Unabhängigkeit der Communen nicht antastet und ihr den Handelsverkehr mit Deutschland nicht erschwert.

Es sind das aber Rechte, welche der Ecuadorianer ebenso genießt, wie der Colonist.

Daß die weitere Entwickelung der Colonie ihr mit der Zeit eine numerische und intellectuelle Präponderanz in der Republik verschafft, daß dies zur Bildung einer Partei führen muß, deren Programm den Intentionen der Colonialverwaltung entspricht, daß in Folge dessen die Regierung von Ecuador sich mit letzterer indentificirt sind natürliche Consequenzen; welche sich aus der Existenz und Gleichberechtigung der Colonie mit Ecuador ergeben müssen, allein sie werden nicht durch Gewaltmaßregeln erzwungen, sondern sie erfolgen in ganz legaler Weise auf dem Boden allgemeiner bürgerlicher Gleichheit. Die Scheidungscriterien der Parteien sind nicht Confession oder Rasse, sondern die Ideen politischer Freiheit und wirthschaftlichen Fortschritts gegenüber geistiger und moralischer Verwahrlosung.

Die Colonie verlangt also für ihre Ansiedler nicht mehr als was die Regierung der Vereinigten Staaten den deutschen Einwanderern ebenfalls gewährt, das volle Bürgerrecht.

Bei der Ueberlegenheit der deutschen Civilisation wird allerdings eine Folge der Gleichstellung der Colonisten mit den Ecuadorianern sein, daß nicht nur erstere ihre Nationalität bewahren, sondern daß ganz Ecuador allmählig sich germanisirt.

Ersteres wenigstens, die Erhaltung der deutschen Nationalität ist der Hauptzweck des ganzen Unternehmens und die inneren Verhältnisse Ecuadors, welche zu der Hoffnung berechtigen dieses Ziel in legaler Weise zu erreichen, veranlaßten hauptsächlich gerade die Wahl dieser Republik zum Immigrationsobject.

Es fragt sich nun, wie wird sich die Regierung von Ecuador der Eventualität einer Germanisirung des Landes gegenüber verhalten.

Sie könnte zunächst dieselbe dadurch verhindern, daß sie durch Verweigerung des Principes der Gleichberechtigung das ganze Unternehmen möglich macht.

Ein derartiges Verhalten ist aber kaum zu erwarten. Da Ecuador eine eigene Nationalität überhaupt nicht besitzt, so könnte eine eventuelle Germanisirung des Landes nur ein fiktiver Nachtheil sein, dagegen ist die durch die Anlage einer Colonie inaugurirte Aera volkswirthschaftlichen, moralischen und politischen Fortschrittes die Quelle so bedeutender realer Vortheile, daß keine Regierung der Realisirung eines solchen Projektes von vornherein Hindernisse bereiten wird.

Nach erfolgter Gründung der Colonie vermag Ecuador die naturgemäße Entwickelung der Dinge nicht mehr zu beeinflussen, ohne natürliche und garantirte Rechte zu verletzen.

Sie könnte sich also bei einem feindseligen Vorgehen gegen die Colonie nur auf das Uebergewicht brutaler Gewalt stützen.

Bei der Organisation der Colonie aber und der strategischen Beschaffenheit der Provinz Esmeraldas würde ein Feldzug gegen die Colonie die Entfaltung viel bedeutender Kräfte erfordern, als solche Ecuador zur Verfügung stehen.

h. Rentabilität.

Jeder Versuch, für die Rentabilität des Unternehmens einen ziffermäßigen Ausdruck zu finden, könnte nur zu einem approximativen Resultate führen, da die elementaren Begriffe, aus welchen sich eine Formel entwickeln lasse, ja auch nur annähernde Werthe repräsentiren. Die Rentabilität kann aber im Allgemeinen als erwiesen betrachtet werden, wenn sich zeigen läßt, daß der Arbeiter im Stande ist, mehr zu produciren, als er zu seinem Lebensunterhalte bedarf, und wenn er zugleich sich nicht mit einem Minimum von Thätigkeit begnügt, sondern seine Arbeitskraft möglichst ausnutzt.

Bezüglich des ersten Punktes kann allerdings das Verhältniß zwischen Produktivität und Lebensbedarf des Einzelnen auf speculativem Wege nicht ermittelt werden, allein es ist zweifellos, daß man in einem fruchtbaren Lande, in welchem das Pflanzenleben nie erstirbt, über Bedarf produciren kann.

Was den zweiten Punkt betrifft, so ist es Sache der Colonialleitung, den natürlichen Thätigkeitstrieb der Bevölkerung zu erhalten. Das Streben nach Besitz ist der menschlichen Natur eigenthümlich, und in normalen Verhältnissen, d. h. wenn die staatlichen Institutionen derart sind, daß dem Arbeiter ein seinen Leistungen entsprechender Lohn zu Theil wird, sucht jenes Streben in Thätigkeit seine Befriedigung.

In dem Maße, in welchem das Streben nach Besitz seine Befriedigung findet, reducirt es sich und macht dem Genußtrieb, dem es als letzter Ursache seine Existenz verdankt, Platz. Auch dieser letztere Trieb, der unbegrenzt ist, setzt Thätigkeit zu seiner Befriedigung voraus. Der Anfangs ganz materielle

Genuß vergeistigt und idealisirt sich, seine Befriedigung erfordert einen immer größeren Kostenaufwand, und mag auch das Streben nach Genuß allmählig in Vergnügungssucht ausarten, seine hohe Bedeutung für nationalökonomische Bewegung der Bevölkerung behält es immer, es ist ein steter Sporn zur Thätigkeit für den Einzelnen.

Aufgabe der Religion ist es dann, dahin zu wirken, daß die Gefühle des Volkes edle und die erstrebten Genüsse berechtigte seien, denn tritt zu einem Streben nach blos materiellen Genüssen höhere Intelligenz, so wird jenes Streben raffinirt und da materieller Genuß dem höher entwickelten Menschen nie zu genügen vermag, so wird die Befriedigung unnatürlich und übt auf die Leistungsfähigkeit des Menschen eine erschlaffende Wirkung aus, der an und für sich berechtigte Genußtrieb entartet in gemeine Genußsucht und entsprechend seiner hohen Bedeutung wirkt er in sittlicher und wirthschaftlicher Beziehung in verheerender Weise.

Die Religion selbst wird dann im Stande sein, ihrem hohen Berufe gerecht zu werden, wenn die Freiheit ihrer Entwickelung durch die staatlichen Behörden nicht eingeschränkt wird sei es durch mißgünstige Bedrückung, sei es durch unvernünftige Begünstigung zum Zwecke ihrer Degradation zum blosen Polizeiinstitut.

IV. Der Verein
zur
Organisation der deutschen Auswanderung.

a. Aus welchen Elementen setzt sich derselbe zusammen?

Wir haben im Früheren entwickelt, weßhalb die Initiative zur Regelung der deutschen Auswanderung von einer privaten Gesellschaft auszugehen hat; die Gründe hierfür waren keineswegs innere, sondern nur solche äußerer Opportunität. Ebendeßhalb ist auch nicht auf jede Mitwirkung der Regierung zu verzichten, sondern sie ist nur von da ab nicht mehr zu provoziren, wo sie anfinge die Sache mehr zu schädigen als zu fördern.

Ein gewisses Wohlwollen der Regierung für das Project darf unbedenklich vorausgesetzt werden, denn das Unternehmen verdankt Bestrebungen seinen Ursprung, deren Realisirung den Wünschen der Reichsregierung durchaus entsprechen muß. Nicht nur wird durch die Colonie eine große Anzahl deutscher Emigranten ihrer Nationalität erhalten, die sich anderenfalls spurlos unter anderen Elementen verloren hätten, es hören dieselben durch Unterhaltung ihrer Handelsbeziehungen auch nie auf den Wohlstand Deutschlands in direkter Weise zu fördern, und endlich wird die Colonie mit der Zeit durch Aufsaugung und Assimilation amerikanischer Elemente den Germanismus in legitimer Weise zum herrschenden Nationalitätsprincip im Nordwesten Südamerikas machen, daß aber jede Ausdehnung des Germanismus eine Consolidation der Macht und ein Wachsen des Einflusses Deutschlands bedingt, ist selbstredend. Aus der Existenz der Colonie resultiren hiernach dieselben Vortheile für Deutschland, welche ein direkter Besitz bieten könnte, ohne daß sie mit den Nachtheilen verbunden wäre, die jener nach sich ziehen müßte.

In welcher Weise die Regierung ihr Wohlwollen für das Unternehmen bethätigen könnte, das ergibt sich leicht aus dem Wesen des letzteren.

a. Ein Bedürfniß militärischen Schutzes wird kaum je vorliegen. Die Entwicklung der Colonie ist eine derartige, daß sie den Boden internationalen Rechtes nicht verlassen wird, ihre Organisation ist zugleich eine solche, daß sie gegen unberechtigte gewaltsame Eingriffe ihrer Nachbarn in ihre innere Angelegenheiten sich selbst zu schützen vermag. Bei einer Bedrohung durch übermächtige Gegner aber erfordert das Interesse Deutschlands selbst in nicht minder gebieterischer Weise als das der Colonie ein Einschreiten der Reichsregierung.

Pekuniäre Subsidien von Seiten des Reiches wären ebensowenig erwünscht. Leistet die Regierung Zuschüsse, so hat sie nicht nur das Recht, sondern auch die Pflicht, sich als solche einen gewissen Einfluß auf die Leitung des Unternehmens zu sichern; hierdurch verliert dasselbe den Charakter als unabhängiges privates Institut, es verbleiben ihm nur die Nachtheile eines gouvernementalen Unternehmens, während dessen Vortheile ihm mangeln.

Von einer pekuniären Unterstützung der Regierung kann um so eher abgesehen werden, als das Projekt, seine Stärke nicht in dem Emplacement großer deutscher Capitalien, sondern in geschickter Benutzung und Erweiterung seiner Verbindungen sucht. Wachsen letztere proportional mit der Ausdehnung der Colonie, so gelingt es leicht durch kleinere constante Beiträge den zur Transferirung unbemittelter Emigranten nöthigen Fond entsprechend zu erhöhen. Die für interne Angelegenheiten der

Colonie zu beschaffenden Capitalien muß diese natürlich selbst produciren, da sie ja gerade hierdurch ihre Rentabilität zeigt.

Liegt nun der Schwerpunkt des Unternehmens in Deutschland, in der Ausdehnung seiner Verbindungen, und in der festen Begründung seines Ansehens bei der Nation, so liegt es in der Macht der Regierung, gerade in diesem Sinne die Sache bedeutend zu fördern.

Der abstrakte Begriff der Regierung setzt sich zusammen aus den concreten Faktoren eines großen Beamtenheeres, und eine starke Betheiligung dieser Beamten, natürlich nicht in offizieller, sondern in ihrer Eigenschaft als Staatsbürger wäre dem Unternehmer von entschiedenem Nutzen. Der Bürger und Bauer identificirt in dem Beamten den Staatsdiener mit dem Staatsbürger und wenn er selbst in politischer Beziehung der Opposition angehört, so ist ihm doch die Betheiligung offizieller Persönlichkeiten bei einem Unternehmen eine Garantie für dessen Realität, und ruft seine Sympathien für dasselbe wach.

Außerdem sind die Beamten ein Element von großer Bedeutung für die Organisation und Verwaltung des Vereines.

Positiver Maßregeln der Regierung, um das Interesse der Beamten zu erregen, bedürfte es nicht, wenn sie die Mitwirkung desselben nicht hindert, so wird es an solchen, welche das Bestreben des Vereins fördern, nicht fehlen.

Schließlich wäre der Abschluß eines Vertrages zwischen Ecuador und Deutschland, ähnlich dem, mit den Samoainseln, in welchem auch die Handelsbeziehungen der Colonie zu Deutschland ihre Regelung finden könnten, zu veranlassen, natürlich erst dann, wenn die Colonie bereits thatsächlich existirt.

b. Von Seiten der Communen wäre eine direkte Betheiligung sowohl an und für sich gerechtfertigt als erwünscht.

Durch Emanation des Gesetzes über den Unterstützungswohnsitz hat das Reich im Princip die Verpflichtung der Communen anerkannt, gänzlich unbemittelten Angehörigen die nothwendigsten Existenzmittel zu verschaffen.

Zur Ueberwindung kürzerer Krisen, wie sie der Charakter

unserer heutigen Großindustrie bedingt ist, das Gesetz von entschiedenem Nutzen, sind aber jene Krisen nicht in der normalen industriellen Bewegung begründet, sondern sind sie Consequenzen einer faktischen Uebervölkerung, so überträgt das Gesetz die Nachtheile jener auf die ganze Bevölkerung und ermöglicht dem Uebel nur um so intensiver sich auszubreiten. In richtiger Würdigung der, besonders den Städten drohenden Gefahr, hat man bereits von verschiedenen Seiten eine Agitation gegen das Gesetz ins Werk zu setzen begonnen.

Mag es auch gelingen, für den durch dasselbe ausgedrückten Gedanken eine andere Form zu finden, die Idee selbst entspricht zu sehr der humanitären Richtung unserer Zeit, als daß man ihr die Berechtigung absprechen könnte. Eine erfolgreiche Revision des Gesetzes ist also nicht denkbar, es gilt entweder das Princip zu verlassen und hierdurch einestheils dem barbarischsten Egoismus eine weitere Concession zu machen und anderntheils den Besitzlosen eine moralische Berechtigung zur Nichtachtung der Eigenthumsrechte zu geben, oder aber das Uebel an der Wurzel zu fassen, indem man dem mittellosen Arbeiter Gelegenheit gibt, seine volle Arbeitskraft produktiv zu machen.

Von diesem letzteren Gesichtspunkte betrachtet, wäre eine entschiedene Betheiligung der Commune an dem Colonisationsunternehmen in hohem Grade gerechtfertigt. Statt den kräftigen arbeitsfähigen Mann, dem es an Beschäftigung fehlt, durch Gewährung unzureichender und demoralisirender Mittel einem allmähligen Siechthum zu überantworten, ermögliche man es ihm durch Auswanderung sich eine neue dauerhafte Existenz zu gründen.

Die Organisation der Gesellschaft für Regelung des Auswanderungswesens einerseits und die nach kurzer Zeit ad oculos demonstrirte Rentabilität des Unternehmens andererseits bieten den Communen Bürgschaft für Rückzahlung ihrer vorgeschossenen Capitalien sammt Zinsenvergütung, das ganze

Princip schließt aber eine Reihe von Vortheilen für dieselben in sich.

Die Gemeinden entledigen sich dürftiger, unselbstständiger Glieder, die an dem allgemeinen Wohlstande nur zehren, ohne ihn zu fördern, die Unterstützung charakterisirt sich als ein Vorschuß, der verzinst wird und wieder in die Gemeindekasse zurückfließt und dadurch, daß man überflüssige Arbeitskräfte entfernt, wird das Feld für die Zurückbleibenden vergrößert, so daß diese selbst in den Stand gesetzt sind, ihre Kräfte energischer zu verwerthen.

c. Alle diese direkten und indirekten Unterstützungen communaler und staatlicher Behörden haben zur Voraussetzung eine bereits bestehende feste Organisation und diese muß aus der freien Initiative der Nation hervorgehen. Das Unternehmen dient nicht den Zwecken einer Partei, es verfolgt nicht die Interessen einer bestimmten Klasse und hat zum Objekt die Lösung einer nationalen Frage und dementsprechend muß eine Betheiligung aller Schichten der Bevölkerung vorausgesetzt werden.

b. Capitalbeschaffung.

Faßt man das Unternehmen als etwas ganzes, fertiges auf, so setzt sein Betrieb ein Capital von immenser Größe voraus. Es tritt aber zunächst nicht in abgeschlossener Form auf, es macht einen Jahrzehnte beanspruchenden Entwickelungsprozeß durch, und sein ganzer Aufbau ist derart, daß es in seinen ersten Anfängen nicht nur lebensfähig, sondern bereits produktiv ist, daß seine Fortbildung nicht ausschließlich von äußerer Unterstützung abhängig, sondern daß es selbst sich die Mittel schafft, welche seine weitere Entwickelung bedingen.

Die zur Gründung und dem Betreff des Colonisationsunternehmens nöthigen Fonds lassen sich im Allgemeinen in drei wesentlich von einander verschiedene Arten begreifen.

a. Das Anlagecapital ist bestimmt zur Erwerbung der, der Colonie als Nutzpunkt dienenden Besitzung, sowie aller der Immigration vorbereitenden Arbeiten. Da der Preis des Gutes höchstens zwischen 30 und 40,000 Mark variiren dürfte, so wären etwa 50,000 Mark durch Emission von 2000 Antheilscheinen à 25 Mark disponibel zu machen. Die Qualifikation dieser Antheilscheine bietet einige Schwierigkeit.

Der Subsummirung unter den gewöhnlichen Begriff von Aktien steht die Intention des ganzen Unternehmens entgegen, da dieses bezweckt, dem Emigrationsinstitut als solchem die Besitzerwerbung zu ermöglichen, damit nicht der Gewinn als Dividende in die Taschen der Kapitalisten fließt, sondern zur Erweiterung der Anlagen verwendet wird. Andererseits tragen die Besitzer des Anlagecapitals ein gewisses Risiko, da die volle Restitution ihres Eigenthums sich nur durch die Reussirung des Projektes ermöglicht.

Es erscheint deßhalb gerathen, einen Mittelweg einzuschlagen, derart, daß man die Aktionäre zwar nicht als Eigenthümer des Colonialbesitzes anerkennt, ihnen aber außer einer 5% Verzinsung einen Prozentsatz des Reingewinnes als Dividende zugesteht.

Die Amortisation des Anlagecapitals erfolgt in der Art, daß je 800 Aktien nach 15 resp. 20jährigem Bestehen der Colonie ausgelost, der Rest nach 25jährigem Bestand eingelöst wird.

b. Für die Transferirung unbemittelter Emigranten wird ein Fond geschaffen, der sich zu vergrößern hat, proportional mit der Fähigkeit der Colonie größere Immigrantenmassen aufzunehmen.

Berechnet man die Ueberfahrts- und Ausrüstungskosten einer Familie von durchschnittlich 5 Personen zu 1200 Mark, und nimmt man an, daß im ersten Jahre 3 Familien übergesetzt werden sollen, so ergibt sich hierfür ein Bedarf von 3600 Mark.

Der Fond wird gebildet durch monatliche Beiträge sämmtlicher Mitglieder des Vereines.

Setzt man nun einen durchschnittlichen Jahresbeitrag von 25 Mark pro Mitglied voraus, so wird der Verein im ersten

Jahre 144 Glieder zählen müssen, damit obiger Ertrag erreicht werde.

Unter Voraussetzung einer jährlichen Vermehrung der Mitglieder um ein Drittel und unter Berücksichtigung der Bestimmung, daß die Ueberfahrtskosten spätestens nach 3 Jahren restituirt werden, ergeben sich für den Bestand des Fonds in den ersten 25 Jahren folgende Zahlen. In der nebenstehenden Colnmne ist die Zahl der Einwanderer aufgeführt, wobei vorausgesetzt wurde, daß in den 5 ersten Jahren Niemand in den folgenden immer die dreifache Zahl der vermittelst Vorschüsse der Gesellschaft Ausgewanderten sich in der Colonie ansiedeln.

Jahr.	Mitgliederzahl des Vereins.	Jährlicher Wachsthum des Fonds.	Zahl der angesiedelten Familien.
1	144	3600	3
2	180	4500	4
3	240	6000	5
3	320	11,600	10
5	426	15,150	13
6	568	20,200	72
7	757	30,522	100
8	1009	40,375	132
9	1344	53,825	180
10	1793	75,350	252
11	2391	100,140	336
12	3188	133,525	444
13	4250	181,160	604
14	5678	241,825	804
15	7556	322,425	1066
16	10,045	432,285	1440
17	13,393	576,650	1920
18	17,857	768,850	2560
19	23,809	1,027,510	3424
20	31,745	1,370,275	4568
	Zu übertragen:	5,395,780	17,937

	Uebertrag:	5,395,780	17,937
21	45,660	1,910,350	6368
22	60,880	2,549,510	8504
23	81,373	3,339,600	11,332
24	108,230	4,616,100	15,388
25	144,307	6,157,185	20,724
	Summa	23,968,525	80,253

Man wäre also bei einem jährlichen Capitalaufwand von 6 Millionen Mark in den Stand gesetzt circa 60,000 deutsche Immigranten anzusiedeln, womit die Aufgabe der Gesellschaft einen Concentrationspunkt für die deutsche Auswanderung zu schaffen, als gelöst betrachtet werden dürfte. Bei schwächerer Zunahme der Mitglieder oder bei geringerem Ergebniß der Beiträge könnte der hierdurch bedingte Ausfall der Einnahmen leicht durch direkte Capitalaufnahme gedeckt werden, denn nach einem Jahrzehnt etwa ist der Credit des Unternehmens so gefestigt, daß ihm Capitalien in jeder gewünschten Höhe zur Verfügung stehen.

Für Beiträge würde die 5% Verzinsung erst beginnen, nachdem dieselben die Höhe von 100 Mark erreicht haben. Ueber die Modalitäten der Rückzahlung könnte näheres erst festgesetzt werden, nachdem sich herausgestellt, in welcher Höhe der Fond zu halten wäre.

c. Die Höhe des Betrags derjenigen Fonds, welche die innere Verwaltung der Colonie, die Gründung von Bildungsanstalten, die Anlage von Straßen- und später von Eisenbahnverbindungen erfordern, entzieht sich selbstverständlich jeder Schätzung. Der Capitalbedarf ist durch das Budget jährlich festzustellen und von der Colonie direkt durch Steuern oder Anleihen aufzubringen.

c. Organisation.

An der Spitze des ganzen Unternehmens steht ein Präsident, welcher in der Colonie durch den Colonialdirektor in den ein=

zelnen Bezirken Deutschlands durch Provinzialvorstände vertreten wird.

Sämmtliche Organe haben nur executive Gewalt. Die eigentliche Leitung des Unternehmens steht einer jährlich einzuberufenden Generalversammlung zu. Wenngleich die materielle Leitung der Geschäfte in der Colonie und dem Verein in direkter Weise durch die respectiven Organe geführt wird, so muß doch das formale Recht der Generalversammlung durch eine jährliche Entlastung und durch Entscheidung in streitigen Fragen zwischen coordinirten Organen gewahrt werden.

Zur Abstimmung bei den Generalversammlungen sind Vertreter der Vereine berechtigt. Das Material wird vorher in Commissionen berathen und der Versammlung ein Minoritäts- und Majoritätsertrag zur Entscheidung vorgelegt.

Der Verein gliedert sich in einzelne Bezirke mit Vorsitzenden und diese setzen sich wieder aus Lokalvereinen zusammen. Die Constitution dieser letzteren ist von lokalen Verhältnissen abhängig, wo also eine Anlehnung an bereits bestehende Verbindungen, wenn auch ganz anderer Natur gerathen erscheint, so kann diese gestattet werden. Jeder Bezirk bildet ein abgeschlossenes Ganze mit eigener Kasse, deren Oberaufsicht allerdings dem Vorsitzenden der Finanzcommission zusteht.

Die Vorsteher der Lokalvereine berichten monatlich an die Provinzialvorsitzenden über Gesuche von Auswanderungslustigen, unter Angabe der resp. Verhältnisse, Stärke der Familie, ob man Vorschüsse und in welcher Höhe bedarf, in welcher Weise man in der Colonie Verwendung zu finden hofft ꝛc. dieser vermittelt die Berichte an den Präsidenten, der sie der Commission für Auswanderungswesen zuweist. Auf demselben Wege werden Anträge von Vereinsmitgliedern mercantiler Art durch die Mercantilcommission erledigt.

Natürlich erfordert der Verwaltungsapparat mit der Zeit ein Personal von Berufsbeamten, die Kosten hierfür müssen durch den Gewinn der Handelsoperationen gedeckt werden.

Ist auch die Organisation der Lokalvereine eine von jedem einzelnen derselben frei zu bestimmende, so müssen doch gewisse Grundsätze, allgemeine Adoption erlangen. Die Feststellung derselben geschieht in den bei Begründung von Lokalvereinen zu proklamirenden Statuten.